小1担任の不安が今すぐなくなる本

吉田温子 著

明治図書

まえがき

　この本を読んでいるということは，あなたは小１担任で，不安を抱いているということですね（違うよ，という方，すみません。不安な小１担任になったつもりで，もう少しお付き合いください）。大丈夫です！　この本を手にしたという時点で，あなたは大丈夫です。あっ，閉じないで！怪しい本ではありません。根拠があって言っています。

　第一に，不安だということは，小１担任のたいへんさや責任の重さに気付いているということです。そういう人にこそ，小１担任をやっていただきたいものです。

　第二に，不安だということは，自分には，小１担任としての力が足りないかもしれないと，自身を謙虚にとらえているということです。でも，本当に力がない人は，自分の未熟さにも気付けないものです。

　第三に，この本を読んでいるということは，自分の不安を自覚しているということです。これは，小１担任として，最強の武器をもっているということです。１年生も，その保護者も，不安をいっぱい抱えています。１年生の問題の多くは，この不安が関係しています。自分自身が不安なら，１年生に共感し，自分だったらどうしたら安心できるかな，と作戦を考えることができます。これは，大きい。

　第四に，あなたは，小１担任の大事な責務を果たすために，本を読んで何とかしたい，と思ったのですよね。それ

は，学ぼうとする意欲，成長しようという意思であり，よい教師に必須の要素です。あなたには，それがあります。あなたは，現時点で，十分にすばらしい教師です。

第五に，これで最後です。私がついています。私は，小1担任連続11年目，累計19回（2023年度現在）という経歴の持ち主です。数多くの初小1担任，ときには新卒の，若い先生方と一緒に学年団を組んで，その先生方に伝えてきたことを，一所懸命この本に詰め込みました。不安を抱くあなたが少しでも安心してくれるよう，祈りながら書きました。どうか，私の祈りを受け取ってください。

ただ，様々なことが，学校によって本当に違います。私の勤務経験は鳥取県米子市のたった6校だけですが，それでも転勤するたびに自分の常識が通用しなくて驚きました。きっと，他の都道府県に行けば，もっと驚くことでしょう。また，私が勤務したのは，1学級30人ほど，1学年3〜4学級の学校が主で，少人数の学級や単学級は経験していません。ですから，あなたの役に立たない内容も多々あると思います。どうか，周囲の先生方に不安を打ち明け，質問してください。他学年は子どもたちが助けてくれますが，小1担任にはそれがありません。この本を読んで，やってみようと思ったら，周囲の先生に勤務校の事情を確認することを忘れずに。では，一緒にがんばりましょう！

2024年1月

吉田　温子

もくじ

「小学1年のトラブル」先読み対策マップ　10

1年生ってこんな人たち
〜基本的な心構え〜　12

第1章
これだけ押さえておけばOK！
小1担任の
実務&指導ガイド

入学式まで

第2章

知らないと大違い!? 小1担任の「裏ワザ」集

付録

ここぞで役立つ！
お助けフレーズ集 227

1年生ってこんな人たち
～基本的な心構え～

1年生は，不安でいっぱい

　大人の私たちだって，教員になりたてのときや，ベテランでも学校を異動したばかりのときは不安でいっぱいです。1年生は，学校という初めての場所で，見知らぬ先生たち（場合によっては友だちも知らない子たち）に囲まれて，生活の枠組みも違えばルールも違う，何もかも初めての中でがんばれと言われるのですから，不安になって当然です。「不安」を前提に，どうしたら安心できるか策を練ります。

1年生は，まだまだ幼い子

　何と言っても，わずか6，7歳。ほんの数年前まで赤ちゃんだった人たちなのです。入学して間もないうちは，「いつ帰れるの？」と涙ぐみ，「お母さんに会いた～い」「おうちに帰りたい～」と泣きじゃくるのもよくあることです。おもらしだって，珍しくありません。

　1年生の正体は小学生の皮を被った幼児，と理解して，包み込むような優しさで温かく接することが大事です。

でも，自分では大人と思っている

１年生に「あなたたちは２，３歳の小さい子の仲間？ 先生や校長先生，大人の仲間？」と聞くと，たいてい胸を張って「大人！」と答えます。いや，どう考えても小さい子でしょ，と言いたくなりますが，１年生のプライドは大人と同じなのです。実際，経験や知識が少ないだけで，言葉さえかみ砕いて伝えれば，大人と同じレベルで理屈も伝わります。

優しくケアしながらも，口調や態度はあくまでも大人に対するのと同じようにして，尊敬を込めて接しましょう。大人として扱えば，１年生も大人として振る舞おうとします。

１年生はストレスや変化に弱い

コロナウイルスで，突然の臨時休業や分散登校が続き，ようやく通常の登校が再開して１週間後のことです。１年生たちの様子がおかしくなりました。朝，元気がなく登校を嫌がる，涙が出やすい，興奮して人に手を出してしまう，何となくやる気が出ない，いらいらして素直になれない…３学期半ばなのに，入学直後に戻ったようでした。この時期にこの状態はおかしい，と気付き，学年通信で「１年生の緊急事態宣言」を出しました。

家庭での問題や，災害など，イレギュラーなことで，１年生は不安定になりやすいのです。雨が降る前は落ち着き

がないよね，というのも担任同士でよく言うことです。

　おかしいな，と思ったら，負荷を減らす判断が必要です。

１年生はメダカの学校

　１年生は，つられやすいです。誰かがトイレに行くと言うと，わらわらと続いてしまう，友だちが落とした筆箱を拾ってあげた子をほめたら，次からはわれもわれもと駆け寄って拾う，誰かが思いつきで言ったことが見当外れでも口々に同じことを言う…よくも悪くも，ワー，ワーとメダカの群れのように同じことをしたがります。

　よくない方向に流れないように，事前の指示を明確にすることが必要です。逆に，この習性を生かして，みんながよい振る舞いをするように導くことも可能です。

圧倒的に経験が少ない

　なんといっても，学校生活初心者ですから，知らないことだらけです。うわあ，ここまでわからないのか，と愕然とすることもしばしばです。学校以外のことでも，わかっていないことがいっぱいです。

　できないのではなく，わかっていないだけ，ということをこちらが理解して，とことん具体的に，わかりやすい言葉で説明すること，写真や絵などでイメージしやすくすること，言葉の意味を理解しているのか確かめながら指導することが鉄則です。最初のうちほど丁寧に，根気よく時間も手間もかけて指導し，定着させていくと，どんどん指導

が楽になっていきますが，初期の頃に手を抜いてしまうと，後々たいへんなことになります。

とにかく注目してほしい！

　注目してほしい，かまってほしい，という気持ちは，１年生だけでなく，子どもたちの強い欲求です。特に何らかの事情でそういう気持ちが満たされていない子は，様々な手段で注目を引こうとします。不適切な行動をするのも，逆にものすごくがんばろうとするのも，そうかもしれません。他にも，よく聞くと事実と違うのに意地悪をされたとたびたび言う，さっきまで全力で走っていたのに，おなかが痛い，足が痛いと言うことが多い，昨日までできていたのに教育実習の学生さんが来た途端に「わからない。できない」と訴える，など，たくさんの訴えの中には，あれ？　かまってほしいのかな？　と気になるケースが混じっていることがあります。

　もちろん，いじめや，病気や怪我，ストレスから来る不調などを見過ごしてはいけません。しかし，ネガティブな訴えをしないと大人にかまってもらえない，と学んでしまった子がいたら，そして，それが「メダカの学校」効果で広がってしまったら，学級はあっという間に崩れます。

　そこで，「不適切な言動や，ネガティブな訴えをしなくても，ちゃんと見てくれるんだ」ということを学べるよう意識して声かけをすることが大切です。危ないことをしたら注意するし，「嫌なことがあった」「頭が痛い」と言えば

親身になって優しく訴えを聞くけれど，それをはるかに上回る量と熱心さで，適切な行動に目を向け，プラスの声かけを浴びせます。特別よいことをしたときやがんばったときだけほめるのは危険です。「特別がんばらないと見てもらえない」と学んで，しばらくはがんばるけれど，自分には無理，と悟ると逆に不適切な行動で注目を引こうとするので，何でもないときにこそ笑顔で声をかけ，「あなたの存在自体が好き」ということを伝え続けることが大事です。

第 1 章

これだけ押さえておけばOK！

小1担任の
実務&指導ガイド

1 小1担任になったら まず何をする？

これだけは押さえよう！

☑ まず，事情を知っている人に聞こう

その学校で小1担任を経験した人，新1年生の情報を園や保護者から聞いた人，複数学級の場合は学級編成をした人，すでに何か準備に着手している人などに話を聞き，やるべきことを確認しましょう。

☑ 注文を急ぐ物を確認しよう

その学校の1年生事情を知っている人に，急いで注文する必要がある物を聞き，注文してあるのか，届いているのか確認し，まだなら一刻も早く注文します。

☑ 仕事のチェックリストを作ろう

やるべきことの一覧表を作ります。担当者の欄を設け，誰がやるか決まり次第書き込みます。リストはわかりやすいところに貼り，職員全体で進捗状況を把握できるようにしましょう。

☑ まず，事情を知っている人に聞こう

　入学式までに小1担任がやるべきことは学校によって違います。たとえ，前任校で小1担任の経験があったとしても，「こういうものだよね」と思い込んで準備すると，やり方が全く違っていて慌てることになりかねません。その学校で過去に小1担任をしていても，年数がたっていれば要注意です。コロナ対策や，配慮の必要な子どものための手立てとして，やり方が変わっていることは珍しくありません。

　その学校で最近小1担任をしたことがある人を早急に確認し，どんな準備が必要か，教えてもらいましょう。よく事情を知っている人が異動していた場合も，可能なら連絡をとって，話を聞いた方が安心です。確認しないで動き始めると，必要なことをしないまま，ときが過ぎて間に合わなくなったり，貴重な時間を割いて必要のない物を作ってしまったり，春休みのうちに誰かが気を利かせてすでに準備を始めていたのに，二重に準備したりしてしまいます。新1年生の情報を直接入手した人，学級編成を担当した人などにも話を聞きましょう。配慮が必要な児童が入学することになっていて，新たな準備や，保護者との面談の設定が必要なこともあります。

　教えてもらったことや，実際にやったことは，忙しくても記録に残しておきましょう。1年後，話を聞かれるのは自分なのですから。

☑ 注文を急ぐ物を確認しよう

　話を聞く中で特に急がなければならないのは，入学式やその準備のために購入が必要な物のうち，まだ注文していない物の確認です。これも，学校によってずいぶん違います。入学式当日に配る場合，すでに入学前の物品販売で保護者が購入済みの場合，そもそもその品物を買わない場合など，学校によって事情は様々です。入学式の準備は，年度をまたぐので，小１担任が決まってからでは遅いのに，年度末の忙しさや異動に紛れて誰も注文していなかったということが起こる危険性が高く，気付いたときにはもう間に合わなかった，品切れになっていた，などという悲劇もあり得ます。逆に二重に買ってしまった，入学式前日になってどうしても品物が見つからないといった事故も起きやすいので，すでに注文してある物も，油断しないで，届いているのかどうか，届いていたらどこに保管してあるのか，なども確認の必要があります。

　私が新１年生のために前年度に注文しているのは，様々なサイズの名前入りシール（業者さんに。２月くらいだと安心），100円ショップのポケット付きミニトートバッグ（机の横にかけて，引き出しに入りきらない道具を入れておくのに便利！　できれば３月中旬には）です。

　もうすでに買ってあった物も，記録に残しておきましょう。１年後，来年度のためにあなたが注文しておかないといけない物かもしれません。

☑ 仕事のチェックリストを作ろう

やるべきことのリストを作ります。Ａ３の紙に印刷して，よく見えるところに貼り，手伝おうか，と言ってくれた人が，何をしたらいいかわかるようにしておきます。

令和〇年度　1年入学準備作業

	作業内容	担当・備考	チェック
1	児童のグループが何組になるか確定（担任・教室配置も考慮）	担任が決まり次第	済
2	氏名он確認・クラス分け		
3	準備用品注文（別紙リスト）	担任が決まり次第	済
4	玄関（Ａ３×2）・教室（Ａ３）掲示名簿入力・印刷・ラミネート（教室のみ）		
5	名前チューリップ（掲示）入力・色画用紙ピンク青黄色・印刷	手伝って！	
6	名前チューリップ切る。ラミネート・切る・マグネット貼る	手伝って！	
7	給食当番表・名札（入力・印刷・ラミネート・切る・角を丸く）		
8	掃除当番表（急がない）		
9	よいこのカード作成（日付・予定等手直し）		
10	よいこのカード印刷（ぎりぎりに）・記名		
11	座席表		
12	教室のマーク絵表示作成		
13	目を見て聞くぞうくんズ（確認・なければ作成）		
14	朝の予定カード（ロッカー・引き出し写真等）（確認・なければ作成）		
15	だまってカード・ささやきカード（確認・なければ作成）		
16	きゅうけい・べんきょうカード（確認・なければ作成）		
17	下足場掲示（貼る場所と下足場所を確認の上）		
18	道具袋注文（100均）支援学級一緒で可。予備はレシートを別に。（レシート2枚）	吉田	済
19	給食当番表クリップ確認・足りなければ購入		
20	入学式これさえあれば大丈夫！虎の巻	吉田	
21	保健関係記名（できれば封筒に入れる）		
22	学年通信 No.1・2	吉田	
23	名札確保・名前シール貼る・学年組記入		
24	学級名簿（早く作っておくと21，31，35等が頼める）		
25	下校コース確認		
26	下校コース一覧表作成		
27	下校札作成		
28	名札に下校コースシール		
29	入学式当日の配布物をクラスごとに分ける・数が足りなければすぐに送付元へ連絡		
30	前日リハーサル参加者リスト作成・電話連絡		
31	貼れるんじゃーをクラスごとに分ける		
32	子育てハンドブック（見直し）	吉田	
33	子育てハンドブック印刷・帳合		
34	教材選定・注文（入学式に間に合わせるため，早めに）		
35	学級用名札マグネット（シールを貼る）		
36	緊急連絡カード等クラス分け		
37	支援シート・要録・引継資料を読む	各担任	
38	（身長順名簿）		

2 児童理解のための準備

これだけは押さえよう！

☑ 園や保護者からの情報を確認しよう

　園からの情報や，就学時健診，入学説明会などで得られた情報などがどこにあるか聞いて，確認します。支援シートがある場合はしっかり隅々まで読んでおきましょう。

☑ 必要なら保護者と面談を

　園を通して依頼があったり，就学時健診の際に相談されたりして，保護者と春休み中に面談する場合があります。保護者と信頼関係を築いたり必要な支援の情報が得られたりする貴重なチャンスです。

☑ 必要なら前日練習を

　緊張や不安が強い，新しいことが苦手といった子どものために入学式前日練習をすることがあります。入学説明会などで保護者と約束していたのに，声をかけ忘れたという事態にならないよう，要注意です。

☑ 園や保護者からの情報を確認しよう

　学校という初めての環境にいっぱいの不安を抱えて入学してくる新1年生たちを，行き当たりばったりで迎えても，後手後手になってしまい，うまくいくはずがありません。子どもたちへの対応は先手必勝，どれだけ事前に情報を得て，準備をしておくかが決め手になります。

　園からの情報，就学時健診や入学説明会などでの情報など，全ての情報が貴重なものとなります。どこに情報が保存されているか確認して，チェックしておきましょう。

　新1年生の情報は，入学までのいろいろな機会に，様々な人が関わりながらもたらされ，新年度の混乱と多忙の最中に小1担任が受け取るので，ときには，大切な情報がきちんとデータとして整理・保管されていなかった，支援シートがあるのに，受け取った人が保管場所を間違えて，ないと思われてしまった，クラス編成に関して保護者と校長が約束していたことが伝わっていなかった，といった事故が起きることもあります（恐ろしいことに，いずれも実例です…。支援シートを読んで，情報が落ちていたことに気付き，全ての作業に急ブレーキをかけ，クラス編成をやり直したことも一度ならずありました）。

　どんなに忙しくても，情報に目を通し，支援の必要な子を把握し，心の準備をし，その子のためにどんな手立てができるか考えておきましょう。支援シートには園での手立ても書かれていて，助かります。

☑ 必要なら保護者と面談を

　園を通して依頼があったり，就学時健診の際に相談されていたりして，入学前に保護者と面談する場合があります。保護者と信頼関係を築いたり必要な支援の情報を得たりすることができる貴重な機会です。

　面談で得られた情報で手立てが必要になることもあるので，できるだけ早く，なるべく複数の教員で面談を行います。

　ごくまれにですが，保護者の話でクラス編成を手直しするといった事態もあり得るので，複数クラスの場合，「担任です」とはっきり言わないで「小１担任ですが，担当する学級は調整中です」などと言って出会った方がいい場合もあります。例えば，子どもが男性に恐怖心を抱いているということがわかり，女性の担任のクラスにした方がよいと判断して急遽クラスを変更したケースがありました。

　保護者から「こんな対応をしてほしい」と依頼がある場合もあります。確実にできることなら温かく引き受けて安心してもらいますが，よくわからないことは安請け合いしないで，「確認してお返事します」と保留にしておくことも大事です。医療行為など，できないことを要求される場合や，似たような依頼を事情があって今まで断っていた，といった場合もあります。相談の内容がわかっていれば，そのことに詳しい人が一緒に面談に臨むことが望ましいです。

☑ 必要なら前日練習を

新しいことが苦手，緊張や不安が強い，といった1年生には，入学式前日練習が有効です。園から「できれば事前練習を」と申し入れがあった場合や，就学時健診などで保護者から相談があり，「前日に練習ができますよ」と約束していた場合などがあります。

「前日練習をやっていますよ」と広く保護者に宣伝すると，必要ない人まで来てしまって，大人数が苦手な子のための支援にならないことも考えられるので，必要な人を見つけて声をかけるようにするとよいでしょう。約束していたのに，情報が伝わっていなくて案内ができなかった，ということがないよう，確認しましょう。

入学式の前日，準備が終わった時間帯に親子で来てもらい，笑顔で出会います。自己紹介をし，言ってもよさそうなら「クラスのみんなには内緒だよ。明日，初めて会ったふりをしてね」などといたずらっぽく話すと，秘密の共有ができてぐっと距離が縮まります。

下足場，教室などを当日の動きに沿って案内し，「ここがあなたのロッカー」などと確認します。入学式会場にも行き，簡単にリハーサルをします。保護者と離れられない可能性がある子の場合は，いざというときは保護者が付き添えるよう椅子を用意しておくなど，保護者と一緒に対策を予め確認しておきます。保護者の安心は，子どもの心の安定につながるので，保護者への気配りも大切です。

3 入学式のための準備

これだけは押さえよう！

☑「これだけあれば安心マニュアル」を

ほとんど練習もなく，出会ったばかりの1年生たちと行う入学式は，小1担任に慣れた人でも不安でいっぱいです。当日必要なマニュアルや名簿などを全部まとめて，1冊の冊子にしておきましょう。

☑ 1年生を動かすシミュレーションを

学校に慣れていない1年生たちが限られた時間で間違いなく動けるように，順番に並ばせる作戦など綿密に考えておきましょう。何とかなると思ってはいけません。何とかならないのが1年生です。

☑ 保護者目線でチェックを

学校に慣れていない保護者も多いので，次はどこに行ったらいいのかなどがわかるように表示されているか，確認が必要です。前日の準備ができてから保護者になったつもりでチェックすると親切です。

☑「これだけあれば安心マニュアル」を

　当日必要な書類（A3で）を貼り合わせて本にし，4つ切りの色画用紙でかわいい表紙を作り，余白を折ってポケットにすれば完璧です。式の最中も持ち歩けば，動きやせりふが不安になっても確認できるので安心です。

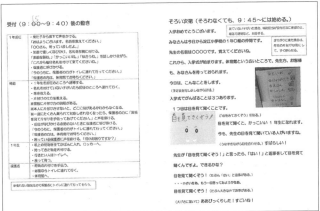

☑ １年生を動かすシミュレーションを

　「卒園式でちゃんとできていたよ。大丈夫」などと言う人もいますが，そんな言葉にだまされてはいけません。長年通った園で，よく知った友だちや先生と一緒に時間をかけて練習した卒園式と，なじみのない学校で，知らない先生や友だちとぶっつけ本番でやる入学式が，同じわけないじゃないですか！　どう動かすか，考えておきましょう。

　「時間になったら○○順で並ばせて…」ストーップ!!「並びましょう」と言えば新１年生が並ぶとでも？　園での並び方と，メンバーも順も全く同じなら可能でしょうが，並び方を覚えているわけでもなく，名前も知らない友だちがいる状況で，列がごちゃごちゃになったら，自分たちでは修復できません。並び順を紙に書いて貼っておいたとしても，みんなそれが読めるとは限りません。担任も，まだいちいち名札を見なければ誰が誰やらわかりません。会場ではみんなが待っています…うわあ，怖い。

　入学式で名前を呼ぶなど並び順が決まっている場合には，当日，教室の席順をその並び順にしておくのが安全です。２列で歩くなら，隣になる子と席も隣にしておき，２人ずつ立たせて順に並ばせていきます。会場でまた１列になって着席する場合は，そこで１番と２番が逆になる可能性もあるので，その手順も具体的にシミュレーションします。

　１年生にも保護者にも，学校によいイメージを抱いてもらうために，できる限りの準備をしておきましょう。

☑ 保護者目線でチェックを

　慣れない役所や大きな病院などで，次にどこに行ったらいいかわからなくて不安になった，逆に，わかりやすい指示や表示で安心して動けた，という経験はありませんか。

　学校職員にとっては，どこに教室があって体育館はここで，なんてわかりきっていることでも，初めての保護者にはわからないことだらけです。まして入学式の朝は保護者もふだんとは違う服装で，1年生に慣れない支度をさせて，場合によっては下の子も連れて，もしかしたら入学式の日に持って来るよう指示された大きな道具を持って，緊張して来ておられるわけです。児童玄関のいくつかある入り口の適当な所から入ってみたら，我が子の下足場が見当たらない，ふうふう言いながらうろうろして，やっと見つけたけど，あっちの入り口から入ればよかったのね…なんてことがもしあったら，そっとついた小さなため息が，そのうち大きな不信感や不満に育ってしまうかもしれません。

　入学式前はとても忙しいですが，前日の準備ができてから，初めて来た保護者になったつもりで実際に動いてチェックし，不親切の種を取り除いておきましょう。矢印を描いて貼っておく，職員が案内の声かけをするなど，ちょっとしたことで改善できます。これは，小1担任でなくてもできるので，他の先生がしてくださるとありがたいですね。仕事のチェックリストに書き込んでおくといいかもしれません。

4 入学式当日

これだけは押さえよう！

☑ ひとりひとりと温かい出会いを

1年生との出会いは，「学級開き」という形ではなく，先生とその子の，1対1で丁寧に。教室に来た子と，しゃがんで目の高さを合わせ，「○○さん，会いたかったよ」と優しく声をかけましょう。

☑ 式までにほめる・約束をしておく

1年生が緊張しているうちに，「かっこいい！」といっぱいほめます。式の最中の大騒ぎやけんかといった事態を防ぐため，「目を見て聞く」と「だまって」の約束を視覚的に印象づけておきます。

☑ 式に参加できそうにない子がいたら

保護者にしがみついて離れない子もいます。保護者に一緒に入場してもらう，職員が手をつなぐなど，いろいろ手立てを考えましょう。「うちの子だけ，どうして」と落ち込む保護者への気配りも大事です。

☑ ひとりひとりと温かい出会いを

　「学級開きで子どもたちとの新しい出会いを」とよく言いますが，今日入学したばかりの1年生には，「学級」のイメージはあまりありません。意識にあるのは，先生と自分の出会いです。入学式の日は，1対1で丁寧に最初の出会いをしましょう。

　教室に入ってきた1年生にしゃがんで目の高さを合わせ，手を握り，名前を聞き，「○○さん，待っていましたよ。よろしくね」と笑顔で優しく語りかけましょう。まだ話の通じない乳幼児に「私は味方ですよ。安心してね」と伝えようと思ったら，どうするでしょう。柔らかい笑顔を向け，優しく触れたり，穏やかな声で語りかけたりするのではないでしょうか。緊張でいっぱいの1年生にも，そういう非言語コミュニケーションを総動員して，全力で「あなたの味方ですよ。大好きですよ」と伝えましょう。

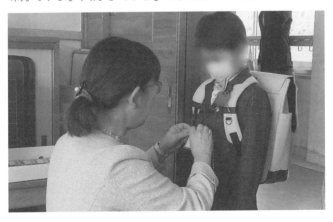

☑ 式までにほめる・約束をしておく

　座っていられない，教室を飛び出してしまう，などの情報がある子がいれば，その子をよく見ておきます。そういう傾向の子も，入学式当日は，緊張して，いい姿勢でじっとしている瞬間があるものです。その瞬間を見逃さず，「かっこいい！　いい姿勢だね！」としっかりほめます。崩れてから注意するのではなく，がんばっているうちにいっぱい声をかけるのがこつです。

　全体に「式でがんばること」として「目を見て聞く」「黙って」の2つだけ，カードを見せて約束しておき，式の後でたっぷりほめましょう。

☑式に参加できそうにない子がいたら

緊張で固まったり，保護者と離れるのを拒んだりして式に出られそうにない子もいます。予め情報が得られていれば前日練習をし，それでも難しそうな様子であれば，どんな手立てができるか，作戦を考えましょう。

保護者から離れられそうになければ，保護者の方も一緒に入場していただき，会場でも一緒に座ってもらうという手があります。入学式では，担任以外にも補助の先生が一緒に歩くこともよくありますから，大人が1人増えたところで目立ちません。座るときはその子の席のそばに，目立ちにくい小さめの椅子を置き，座ってもらいます。

当日いきなり大泣きして離れない，ということもありますから，保護者用の椅子は用意し，備えておきましょう。

ある子は，前日練習で，名前を呼ばれて立つ，というのが恥ずかしくてできませんでした。いろいろ試して，担任が手をつなげばできる，ということがわかりました。幸い，列の先頭だったので，さりげなく手をつなぐことはできます。でも，担任は名前を呼ぶとき，マイクスタンドの所まで行かないといけません。そこで，マイクスタンドの方を移動させることにし，当日，うまくいきました。

一生に一度の，学校生活最初の入学式，よい思い出にできるように，できる限りの工夫をしましょう。

「うちの子だけなぜ…」と内心不安な保護者には「1年生には，よくあることですよ」と，寄り添いましょう。

5 2日目

これだけは押さえよう！

☑ 細かく細かく計画を

　入学後しばらくは，毎日細かい計画を事前に立てておくことが大切です。2年生以上だと，担任が赴任したばかりでわけがわからなくても，何となく動いてくれますが，1年生にそれはあり得ません。

☑ まず，生活するのに必要なことを

　まず，トイレ，下足場の使い方，荷物の片付け方，など，生活していくのに必要なことを取り急ぎ教えましょう。給食がすぐ始まるようならそれも急務です。学校の事情に合わせて優先順位を見定めます。

☑ 悲しい思いをさせない手立ても急ぐ

　外見上の悩みを抱えている児童が，初めて出会った子に何か言われるのではないかと，本人や保護者が心配している場合は，そういった事態が起きる前に手立てを急ぎます。

☑ 細かく細かく計画を

しばらくは，指導したいことをどんな言葉でどんな段取りで伝え，どんな指示でどんな動線で子どもたちを動かすのか，具体的に細かく計画します。「何とかなるだろう」と思ってはいけません。担任が具体的にイメージできないことを，この時期の1年生が勝手にやってくれることは，まずありません。

来た人から
・かばんをそのまま机の横に置く。
・座って待つ。

しっかりほめる

そろったら座ったまま「おはようございます」
（1）道具をしまおう
※1つずつ一斉に指導
　①連絡袋を出す。
　②連絡袋の中身を出す。

黒板に絵を貼る

・よいこのカードをかごの中に開いて向きをそろえて出す。挟んである手紙類があれば，それも一緒に載せて出す（ばらばらにすると名前がないときに困る）。
・空になった連絡袋→おふとんみたいに上に乗せる。
・保健連絡袋を持ってきていれば，出せる。「まだの人はあさってまでだから大丈夫です。明日はかばんに入れてくださると思いますよ」と安心させる。

☑ まず，生活するのに必要なことを

トイレ，下足場のお作法など，生活に必要なことを具体的に教えます。天気予報もチェックして，翌日降りそうなら，カッパや傘の片付け方も教えます。

トイレの指導（①教室で指導→②実際に行く）

・勉強中は勝手に行かない。どうしても行きたいときは「トイレに行ってきます」←みんなでお稽古

×「先生，トイレ」×「先生，おしっこ」×「トイレに行ってもいいですか？」

・休憩時間に行っておく。

・トイレで遊ばない，ふざけない。

・和式は前に出てしゃがむ。

・個室の戸は閉める。

・紙で拭く。流す。流れたか，振り向いて見る。←お稽古

・汚したら，トイレットペーパーで拭く。困ったら先生に言う。

・ペーパーを使い切ったら取り替える。芯は流してはだめ。ごみ箱へ。

・失敗したときは先生に言ってね。着替えもあるよ。
　→トイレに行ってみる。

・男女の場所を確認。

※性的マイノリティーへの配慮…「男の子が女の子のトイレに入ったら恥ずかしい」などと言わない。

☑ 悲しい思いをさせない手立ても急ぐ

外見上のことについて何か言われたら，と心配している子どもがいる場合は，なるべく早く指導をして，悲しくなるような発言を防がなければなりません。場合によっては，入学説明会など，入学前の機会を利用して話をしておいた方がよいこともあります。その子の悩みに近い事例をテーマにした絵本を学校で何冊か用意して，たくさんの子どもたちが入学してくるいくつかの園に貸し出し，読み聞かせをしてもらったこともありました。1年生だけでなく，2年生以上にも指導をしておいた方がいい場合や，逆に2年生以上の児童のことを新1年生に伝えないといけない場合もあります。そういった場合は，人権教育主任や管理職の先生方と連携して，学校全体で取り組みましょう。

長い話を聞いて理解することが苦手な子もいるので，絵本を使ったり紙芝居を作ったりするなど，視覚的にわかりやすく伝える工夫をしましょう。保護者や当人の理解が得られるなら，ビデオレターで語りかけてもらうのも効果的です。

6 3日目

これだけは押さえよう！

☑ この時期，休憩時間が他学年と違う

　入学直後の1年生は，学校のルールを早く教えないと何をするにも困るので，休憩時間など，学校全体の動きに合わせる必要はありません。1年生の事情を優先して，独自の動きでかまいません。

☑ 荷物の片付け

　荷物の片付け方はなるべく早く教えますが，すぐ定着するわけではありません。早く来た子の片付けを見てやり，その子に後から来た子を助けてもらうようにするとうまくいきます。

☑ 保護者からの連絡を確実にチェック

　下校の仕方の変更や健康上の懸念，困っていることの相談など，保護者からの重要な連絡は，この時期多いものです。できれば朝のうちに，確実に把握できるように工夫しましょう。

☑ この時期，休憩時間が他学年と違う

　細かく計画を立てていても，予定の時間通りにできるとは限りません。大泣きして教室に入ってこない子や席を立って落ち着かない子に手こずるなど，想定外のことに時間をとられることはよくあります。この時期，今これをどうしても教えてしまわないと1年生が困るという場合は，休憩時間になっても指導をしてしまいましょう。

　また，この時期の1年生に「今から休憩時間。遊びに行ってらっしゃい」と言うのは危険です。校舎内の入ってはいけない場所，校庭への出方，遊具で遊ぶときの注意など，教えていないことが山積みです。そもそも，遊びに行った後，いつ帰ってくるのかさえ，わかっていないのです。思わぬ事故につながるかもしれません。

　休憩時間に上級生が遊びに連れ出そうとすることもあるので，「しばらく1年生は他学年とは違う動きをするので，戸が閉まっていたら休憩になってものぞかないで。遊びに連れ出さないで」などと張り紙をしておくか，予め担任の先生方から伝えてもらっておくと安心です。

　長時間集中が続かないのもこの時期の1年生の特徴です。休憩時間でなくても，きりのよいところで，休憩を設定しましょう。その際，「行っていいのはトイレと教室。やっていいことは本を読むことと自由帳に鉛筆でお絵かきすること。時計の針が4になったら片付けて座ります」などと，視覚的な表示も添えて具体的な指示を忘れずに。

☑ 荷物の片付け

この時期のたいへんなことの１つが，朝の荷物の片付けです。なるべく早く，できれば２日目に全体に指導したいですが，指導してもすぐ定着するわけではありません。

６年生や級外の先生が手伝ってくれる場合は，片付けるのではなく片付け方を教えてやって，とお願いしておきましょう。親切のつもりでやってしまうと，いつまでたっても自分でできません。

お勧めの方法は，1年生同士で教え合わせることです。早く教室に来た子たちの片付け方を丁寧に見てやり，「よく覚えていましたね」「上手にできましたね」とほめます。そして，その子たちに，後から来た子たちに片付け方を教えてあげて，と頼むのです。このとき，「後から来た人に教えてあげて」と呼びかけるのではなくて「○○さん，お願いがあります。今来た○○さん，あの一番前の席の人にね，荷物の片付け方を教えてあげて」と具体的に指定するのがこつです。慣れてくると，困っている友だちを自分で見つけて動けますが，まだ友だちをよく覚えていなかったり，周囲の様子が認識できていなかったりするこの時期の１年生には難しいのです。

６年生に手伝ってもらうのもうれしいですが，自分が友だちに教えてあげて，友だちや先生に「ありがとう」と言われるのはもっとうれしいものですし，１年生同士のつながりを作るのにも役立ちます。

☑ 保護者からの連絡を確実にチェック

　この時期の1年生はまだ連絡帳に自分で連絡を書くのは難しいので，予定や持ってくる物などを印刷したカードを使います。保護者からの連絡も，これに書いてもらいます。ゆっくり見る暇もなくて担任はたいへんですが，大事な連絡がよくあるので，「時計の針が〇になるまで休憩」と設定するなど，工夫して時間を捻出し，早めにチェックしましょう。

　園ではよく，その日の様子を細かく記入してやりとりしているので，その延長でたくさん書きたくなる保護者もいます。通信や入学式の連絡で，重要な連絡を短時間で調べないといけない事情を説明し，できるだけわかりやすく書いてほしいこと，書き切れないときは付箋や手紙に書けばよいことなどを伝えておくとよいでしょう。

日	曜日	行事（◎）・学習予定（・）	持ち物（●）・連絡（※）	おうちからの印・連絡	先生
12	水	◎地区子ども会・登校班で集団下校 ・げんきにあいさつしよう ・どうぐをしまおう ・といれ，てあらいばをただしくつかおう ・みんなえがおですごせるように ・かえりのしたくをしてあんぜんにかえろう	●まいにちセット ●ひらがなすうじおけいこ・けいさんぐんぐん→（学校に置いておきます。） ●クーピー，クレパス，はさみ（道具袋に入れて） ●自由帳（物品販売で購入）→（学校に置いておきます。） ●体操服→（学校に置いておきます。） ●ぞうきん2枚（無記名） ●ペーパータオル1パック（記名） ※12:00頃～遠い地区から順に集団下校	※12日（水）の下校のしかたについて，〇をしてください。 ↓ （　）登校班で下校 （　）バス （　）児童館 （　）お迎え （　）児童館以外の学童保育 （　　　　　） 毎日ここにサイン印をお願いします。	

よいこのかあど（1）　1ねん　　くみ（　　　　　　　　　）

◇見られたら，毎日サイン か印をお願いします。　基本の下校コース

ぞう・児童館・バス・迎えなど，基本の下校コースを書いてください。

7 1〜2週間目

これだけは押さえよう！

☑ 安心して暮らせるように

　学校生活に必要なことをリストアップして，この時期に丁寧に教えます。計画通りにはできないこともあるので，予定は柔軟に変えていきます。また，教室や自分の荷物掛けを間違えないよう，一工夫を。

☑ 朝，何をしたらいいかわかるように

　登校してきたら，教室で何をどうしたらいいのか，わかるように絵や写真などを貼っておきましょう。やることの順番もよく考えて，矢印や番号で明確に示しておきます。

☑ さっと並ぶことができるように

　どこに行くにも並ぶことは必要です。早めに，並び順や並ぶときのお作法を教えてお稽古しておきましょう。ロッカーなど，何かの順に並ぶと順番通りになるように設定しておくと便利です。

☑ 安心して暮らせるように

　この期間に，前述のトイレや荷物の片付け方の他に，安心して学校生活を送るために必要なことをリストアップし，1つずつ確実に指導していきます。子どもたちの様子を見て，これも指導が必要と感じた事柄があれば，学年で共有してリストに加えましょう。

□帰りの用意　□靴のしまい方　□手洗い場の使い方
□廊下の歩き方　□給食のお作法　□時間のきまり
□体育館のルール　□校庭のルール　□授業中の立ち方・座り方　□手紙の配り方　□下校のきまり　□教室の本の片付け方　□着替え方　□放送の聞き方…

　慣れるまでは教室を間違えることもよくあります。教室に目立つ表示を貼り，わかりやすくしておくと安心です。クラスカラーが決まっていればその色のモチーフの表示，逆にクラスを解いた赤組，青組などがあるのなら，被らない色の表示など，混乱しないように配慮します。廊下の荷物掛けや下足場などにも同じ色のテープやシールを貼っておくと，より安心です。

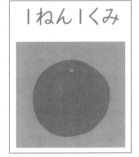

☑ 朝，何をしたらいいかわかるように

　朝，教室に入ってくるとき，不安でいっぱいの１年生も
います。教室に入ったら次に何をするのか，教わっていて
もすぐには覚えられません。黒板に，やることのカードを
貼っておきましょう。カードは写真や簡単な絵など，ひら
がなが読めない子にもわかりやすいものにします。順番も，
子どもの動きを考えて決めておき，矢印で表します。番号
も記入しておくと「今何番？」「③番ができましたね。次
は？」などと声がかけやすくて便利です。イレギュラーな
動きの日や，後々やり方が変わっていくこともあるので，
番号はラミネートしたカードの上から書いておきます。こ
のカードは後々，係に貼ってもらうようにすると便利です。

　朝は，できるだけ教師が先に教室にいて子どもたちを笑
顔で迎えることをお勧めします。子どもたちの不安が大き
く軽減されるとともに，やんちゃな子たちが朝から走り回
るのを「こらっ！」と叱責しなければならない嫌な朝のス
タートを回避することもでき，教室が落ち着きます。事情
があって教室に早く行けないときは，教務主任や管理職に
相談して，誰かにいてもらえるようにしましょう。

☑ さっと並ぶことができるように

　並び方も早めに教えたいことの１つです。まだ名前と顔を覚えていない友だちもいる状況では，順番を覚えるのも一苦労です。そこで，<mark>ロッカーを出席番号順で２列になるときの並び順にして</mark>おき，「ロッカーの上の段の人，自分のロッカーの前に立ちましょう。座ります。下の段の人，ロッカーの前に立ちましょう」と指示すれば，出席番号順の列のできあがり，というように<mark>仕掛けておくと便利</mark>です。

　学校によっては，基本の並び方が決まっているかと思いますが，背の順と出席番号順を使い分けると便利だと思います。出席番号順は保健関係の検査などで必要なことがよくあります。背の順は，話を聞くときや何かを見るときに背の低い子にとってはありがたいです。水泳指導のときも，身長の低い子が列の端に集まっている方が安全です（私は，ずっと背の順最前列だったので当時は嫌でしたが，高校で出席番号順になり，憧れの後ろに並んだら全く前が見えず，閉口しました）。また，「この子とこの子が並んでいると危険！」ということはよくありますが，背の順だとある程度操作ができます。

　<mark>静かにまっすぐ並ぶ，授業中，並んで廊下を歩くときは黙って，といったお作法も早めに練習して定着させます。</mark>「〇年生の人たちが勉強中だから静かにしましょう」と理由を説明し，笑顔で何度でもやり直しをさせることが定着の秘訣です。

8 「行きたくない」「帰りたい」と泣かれたとき

これだけは押さえよう！

☑ まず，泣いている子のケアを

入学後１〜２週間は，朝，大泣きする子が出やすい時期です。こっちも泣きたくなりますが，優しく寄り添いましょう。なるべく担任が接して，愛着形成を図ります。

☑ 泣いている子の保護者のケアも

泣いている子の保護者も，不安でいっぱいです。心で泣いています。保護者が動揺すると子どもも動揺します。保護者の気持ちにも心を寄せ，できるだけこちらから連絡をして安心してもらいます。

☑ 予防も意識する

今は泣いていない子が後々大泣きすることもよくあります。連鎖反応というのもよくあります。今も，ぎりぎりの気持ちでがんばっている子がいると思って，「行きたくない」の予防に努めましょう。

☑ まず，泣いている子のケアを

　大泣きする子がいたら，まずは寄り添って優しく「どうしたの？」と声をかけます。怪我や嫌なことがあったのなら対処しますが，「お母さんがいい」「帰りたい」の場合は，お母さんの代わりのつもりで背中や肩を優しくなで，「そうだよねえ」と受け止めます。膝に乗せる，だっこするなど目立つスキンシップは，他の子が「そうか！　泣いたらだっこしてもらえる！」と思ってしまうし，特に大人の男性が膝に乗せたりだっこしたりするのは誤解を招く危険もあるので避けます。

　「いつ帰れるの？」と聞かれたら本日の予定表で説明します。泣きやまないときに「泣きません！」と禁じるのはNG。過剰にいつまでも「おお，よしよし」となぐさめるのも，NG。「この嫌な気持ちはおおごとなのだ」と感じてよけい切り替えが難しくなります。ある程度声をかけたら担任のそばに座らせてそっとしておきます。気が済むまで泣き，ネガティブな気持ちは収まるということを脳が学習するのは成長に必要なことです。周囲の子にも動揺が広がりそうなら，手をつないで教室の外に連れ出し，静かな所を穏やかに語りかけながら短時間散歩します。野の花を摘んだり落ちている花びらを拾ったりすると効果的です。様子を見ながら，活動の切り替え時に「〜しようか」と声をかけたり，ちょっとした手伝いを頼んだりして，気持ちを切り替えるきっかけを与えてみましょう。

☑ 泣いている子の保護者のケアも

　「行きたくない！」と泣きじゃくる子が保護者にしがみついて離れないのは，この時期によくある光景です。保護者が時間的に可能なら，しばらくそばにいてもらうという手もあります。その場合，保護者は「うちの子だけ…」と動揺し，居心地の悪い思いをしています。そのいたたまれなさを少しでも減らすべく，椅子を子どもの席の横に置き，「どうぞ」とささやく気配りを。突然のことで上履きもなく付き添っている保護者もいるので，この時期，大人用のスリッパを教室に常備しておくのもお勧めです。

　もう仕事に行かなくては，という場合は，最後にぎゅっと抱きしめてもらってから，担任が子どもを抱き取って，思い切って帰っていただきます。その後，けろっと落ち着くこともよくあります。担任は，落ち着いてくれてよかった，さあ急いで提出物のチェックを！　と思いますが，泣く子を振り切って去った保護者の方は仕事に行っても気が気でなく，動揺したまま，ということもよくあります。なるべく早く電話して「大丈夫ですよ」と様子を伝えて安心してもらいます。保護者の心の安定は子どもの心の安定に何より必要です。担任が気にかけてくれている，と感じることは，安心に大いに役立ちます。

　どうしても登校できないときは，「手紙をもらいに行こう」と放課後に親子で学校に来てもらうのが効果的です。朝のうちにお勧めして，安心してもらいましょう。

☑ 予防も意識する

　「お母さんがいい！」と泣く子が同時多発することは珍しくありません。1年生に，連鎖反応は起きがちなのです。また，大丈夫だと思っていた子が1か月先に「行きたくない…」と言い出すこともあります。ぎりぎりのところでがんばっていたのが，がんばる気持ちがすり切れてしまったり，何かのきっかけでぽっきり心が折れたりすることは大人だってあることです。ぎりぎりでがんばっている子がきっといる，と思って，泣く子がいなくても，優しい言い方，温かい態度を常に心がけましょう。

　不適切な行動に対しても，怒鳴ったり脅したりしてはいけません。友だちが注意されるのを見ただけで苦しくなる子もいます。穏やかに，しかし毅然と，揺るぎなく「〜しません」「〜します」と短くきっぱり話します。「すごいね」「かっこいいね」「がんばっているね」「すてきだね」など，プラスの言葉は惜しみなく注ぎましょう。担任の口は子どもたちにプラスの言葉を言うためにあると心得ましょう。

　ずっとよい姿勢をする，じっとして書くなど，緊張する活動が続いたら，ふっと気持ちがゆるむ時間を意図的に作りましょう。手を挙げて伸びをする，手遊び，歌う，先生のまねをさせ，「くすっ」と笑いがこぼれるような動きをみんなでする，など，みんなが気持ちよく笑えるようなユーモアや遊び心を要所要所に入れて，肩の力を抜くことができるように心がけます。

9 下校

これだけは押さえよう！

☑ 下校の仕方をわかりやすくする工夫を

入学して間もない頃は，担任も，1年生たち自身も，誰がどこにどうやって下校するのか，よくわかっていないことがよくあります。そんな状態で，毎日安全に下校させるため，工夫が欠かせません。

☑ 1人も残さず確実な把握を

入学後は下校の仕方が日によって変わることもあると思います。1人でも間違えて迷子になったらたいへんです。1人ももらさず確実に今日の下校の仕方を把握することが必要です。

☑ 繰り返し安全指導を

歩いて帰る場合，危険がいっぱいです。走らない，歩道の端を並んで歩く，よその土地に入らない，友だちの家やお店に寄らない，信号をよく見る，など，年間を通して繰り返し指導しましょう。

☑ 下校の仕方をわかりやすくする工夫を

下校については，学校によって事情が千差万別だと思います。何が一般的なのかわかりませんが，同じ方向の人と歩いて家に帰る子，学童保育を利用する子，迎えに来た保護者と帰る子が混在しているという設定でお話しします。

入学したての1年生の下校はとても心配です。まず，学校から家までの帰り方がよくわかっていない場合があります。入学までは遠くの園に車やバスで通っていて，そもそも歩いて家に帰るという経験をほとんどしていない，ということもよくあります。保護者が入学前に練習させてくれている場合もありますが，何かに夢中になると周りが見えなくなるのが1年生ですから，おしゃべりしていてふと気が付いたら行き過ぎていたとか，似たような住宅街で曲がる所がわからなくなった，といったことは起きがちです。

入学説明会などで，大きな地図を用意し，それに名前を書いたシールを保護者に貼ってもらう，下校の方向ごとにコースを決め，コース別に児童名を記入した表を作るなど，誰がどこに帰るのか把握できるよう工夫をしましょう。コースには，教室のマークや，全校の縦割りチームの赤組，白組などと重ならない，例えば動物をモチーフにした名称を付けて，名札にシールを貼るとわかりやすいです。コースごとに並ぶときは，そのシールを拡大してペープサート状の札を作って先頭の子に持たせるとわかりやすいです。

☑ 1人も残さず確実な把握を

　いつもは歩いて帰るけど今日はお迎えだとか，自宅ではなくおばあちゃんの家に帰るだとか，学童保育だけど家に帰るとか，入学後しばらくは日によって下校の仕方がころころ変わることがよくあります。保護者も心配なので，最初の1週間は早く帰るようにしたり，基本，学童保育に行かせるけど，早いうちに家に帰る練習をさせておこうと考えたりするからです。そんな状況で，怖いのは，1年生自身が今日どうやって帰るのかよくわかっていないことです。「今日は学童じゃなくて歩いて帰る」と言い張るけど，保護者からはそんな連絡はない，後で聞いてみたらそれは明日のことだった，というようなことが起きます。間違って誰もいない家に帰ってしまい，鍵がかかっていて入れないという事態は防ぎたいです。連絡帳代わりのカードに下校についての記入欄を設けるなど，全員のその日の下校方法を確実に把握できるよう工夫しましょう。

　担任もこの時期相当忙しいですが，保護者に電話して確認する必要がある場合も想定し，早めに今日の下校方法を確認しましょう。下校方法は一覧表に整理して，下校コースごとに並ぶ際に使う目印の札に今日の下校表のそのコースの部分を切って貼っておくと確認しやすいです。

名札に同じ絵のシール

☑ 繰り返し安全指導を

　毎年，全年齢のうちで交通事故による死傷者数が突出して多いのは，小学1年生なのだそうです。入学を機に子どもだけでの行動が一気に増えるのに，経験があまりに浅いという事情の他に，何かに集中すると周囲への注意が薄くなる，危険を認知する力が未熟，といった，この年齢の特性も原因となっているのでしょう。子どもたちを危険から守るためにできる限りのことをしたいと思います。

　また，「うちの子が帰って来ない」と保護者から電話があり，みんなで探したら，帰る途中で友だちの家に寄って遊んでいたというような行方不明事案もよくあります。

　1年生の間は，下校の際にばらばらにならないよう並んで帰るというルールにするのも対策の1つです。

　走らない，飛び出さないといった きまりを繰り返し指導する ，イラスト入りの振り返りシートでチェックさせる，保護者や地域の方からよからぬ情報が寄せられれば，何度でもすぐ指導するなど， 根気よく教えることが大切 です。

10 初めての参観日・懇談

これだけは押さえよう！

☑ 無理のない授業を

　まだ学校に慣れていなくて学習規律も身に付いていないこの時期の参観授業は，1年生にも担任にもたいへんです。当日は1年生が，さらに落ち着かないので，無理をしない，させない授業をしましょう。

☑ 無理のない懇談会を

　保護者も担任も緊張いっぱいの最初の懇談会は，無理をせず，保護者の方にも家庭でのお子さんの様子を語っていただいて，保護者同士をつなぐ場として生かしましょう。

☑ 無理のない掲示を

　入学して間もない頃は，何をさせようにも一から教えないとできないので時間がかかります。担任も本当に忙しいので，1年生にも担任にも無理のない作品や掲示物を貼りましょう。

☑ 無理のない授業を

参観日の1年生は，いつもと違います。「お母さんどこ？」とそわそわする子，うれしくて興奮する子，恥ずかしくて固まる子，中には「お母さんが来ない！」と探しに行ってしまう子もいます。かたや，保護者は「うちの子，学校でちゃんとやっているだろうか。担任の先生は大丈夫だろうか」と固唾をのんでやってきます。そんな保護者に安心してもらいたい…うわあ，胃が痛くなりますね。

私はよく生活科と国語と図工の合科で自己紹介をします。事前に描いた好きな物の絵を持ち，1人ずつ前で発表します。この場合，事前に丁寧に指導し，リハーサルもして時間を計り，余った時間は保護者にも自己紹介をしてもらいます。人前で話すのが難しい子や，じっと聞くのが苦手な子がいる場合は，2人組を作って紹介し合う，無理のない授業にしています。後半は保護者にも参加してもらいます。

☑ 無理のない懇談会を

　小学校の保護者デビューの人にとっては初めての懇談会，緊張しつつも張り切って参加される方が多いことでしょう。一方，担任は，子どもたちのことがまだ掌握しきれていないし，ずっと忙しくて十分な準備もできない。懇談で安心してもらえるのか…うわあ，また胃が痛くなりますね。

　最初の懇談では，まず，担任の自己紹介，子どもたちの入学後の様子を，簡単に，落ち着いて話しましょう。その際，わざわざ不安をかき立てるような内容は選ばないこと。また，保護者も入学後は，手紙に目を通したり書類に記入したりと忙しい思いをしておられるので，その協力への感謝も伝えましょう。その後は，保護者の皆さんに，入学後の家でのお子さんの様子を語っていただきます。「よそのおうちではどうしておられるんだろう，など，質問もぜひ。この機会に，保護者同士，つながりを作りましょう」と言っておくと，気になることがあるけどいつ言ったらいいのかな，と不安がっている人は安心します。話の中で質問が出たら，担任への問いなら答え，保護者同士の話題になりそうなら後で「みなさん，どうですか？」と広げ，保護者同士の話し合いに導きます。

　授業や掲示にも言えることですが，特に１年生は，学年に複数の学級がある場合は，足並みをそろえて同じことをやるように心がけましょう。「隣のクラスは〜だったのに…」という事態は保護者に不安を与えます。

☑ 無理のない掲示を

他の学年なら，「○年生のめあて」とか「自己紹介シート」とか，さらさらと書いて，参観日に掲示できる作品を仕上げられますが，この時期の1年生にはまだできません。

入学式用の飾り付けは，できれば替えたいです（日数がなくて，どうしようもなければ，無理をせず，そのままで勘弁してもらい，掲示物より子どもたちの姿を見ていただきましょう）。無理をせず，すでにある掲示物を活用すればいいですが，字が多い掲示物など，1年生向けでない物を貼ると，1年生も保護者も不安になります。掲示物が足りないときは，指導に使えそうな，字を書く姿勢や鉛筆の持ち方の写真を大きく印刷した物や，算数の導入として蛇口の並んだ手洗い場などの写真に「いくつかな」と書き添えた物などを用意すると簡単です。

子どもたちの作品は，差がはっきりしないものにしましょう。人を描くような絵だと，幼児期特有の頭足人を描く子もいて，この時期は個人差が大きく，不安になる保護者もいます。お勧めはぐるぐる丸です。8つ切りの画用紙にクレヨンでぐるぐる丸をいっぱい描かせます。字を書くための手の訓練として効果があるという説明を掲示しておくと，学習のねらいもはっきりします。

11 話の聞き方・あいさつ

これだけは押さえよう！

☑ 目を見て聞く

　「目を見て聞く」ことは，学習，生活，全ての学びの基本として，入学式の日から教えたい大切なことです。年間を通して常に「目を見て聞く」ことを意識づけ，根気よく指導し続けましょう。

☑ 静かにさせる技

　教室が騒がしくなったときは，大声で「静かに！」と叫んでも伝わりません。なるべく早いうちに，教師の合図で静かになる技を練習しておくと，様々な指導がスムーズにできます。

☑ あいさつができるように

　朝，「おはようございます！」と言って教室に入ることが，1年生には難しいこともあります。言って聞かせるだけでなく，実際にやって，練習するのが一番です。

☑ 目を見て聞く

　入学式の日，式の会場に行く前に，「目を見てきくぞう！」のカードを黒板に貼って，「立派な小学生になるためには目を見て聞くことが大事です」と教え，教師が「目を見て聞くぞう！」と言ったら目を見て「はい！」と返事をすることを練習しておきます。最初は緊張していて大きな声が出ないこともあります。そんなときは聞こえよがしに「声，小さいなあ。もう1回やってみようかな」と独り言を言って，再度「目を見て聞くぞう！」と言います。次はきっと大きな声が返ってきますから，大げさによろけて，「すごい声！」と感心してみせます。1年生，大喜びです。式の後，教室で，保護者も一緒にいるときに「目を見て聞くぞう！」「はい！」のやりとりをやると，早速1年生らしくなった姿に安心してもらえます。

☑ 静かにさせる技

わいわい活動しているときに新たな指示や注意をしたいことはよくあります。でも，子どもたちが大声でしゃべったり音を出したりしているときに，教師が大声で「静かにして！」と叫んでも，ますますうるさくなるだけで，伝わりません。静かになるのを待つという手もありますが，「このままだと危険だ！」と気付いたときは，即座に活動を止めて指導しなければなりません。

そんなときは，いい方法があります。予め，教師が手を「パン，パン，パン」と叩くと，子どもたちも同じように手を叩きながら，リズムに合わせて「なん・です・か」と言うという約束を教え，練習しておくのです。ゆっくり叩く，小さな音で叩くなど，速さや大きさを変えたら子どもたちもそれに合わせること，この合図を使うときは先生が大事な話をするときだから，その後は黙って聞くこと，子どもたちがこの大事な合図を使ってしまうと，先生が３つ叩いても聞いてくれなくなるので，この合図は先生だけが使うことなど，細かい約束も伝え，何度か練習します。これができるようになると，どんなに騒がしくなっても，静かにさせることができます。かなり騒々しいと，最初は教師のそばにいる数人しか気付きませんが，何回か繰り返すうちに，だんだん気付く子が増え，手を叩く音と声が大きくなっていき，最後は全員が静かになります。静かになったら，まずほめて，すぐに大事な話をします。

☑ あいさつができるように

入学したての1年生の中には，朝，教室に黙ってぬうっと入って来て，担任のところまで来てからやっと「おはようございます」と言う子が少なからずいます。教室にいる子たちも黙っています。きっと園ではあいさつし合いながら入って来ていたと思いますが，新しい環境に慣れていなくて，まだ周囲の1年生たちを「仲間」として認識できていないため，「自分の友だちがいる自分の教室」という感覚がないのでしょう。黙って入ってくる子どもたちに，担任が一所懸命「おはようございます」と声をかける状況は，朝から辛いので，早く何とかしましょう。

簡単です。練習すればいいのです。朝，教室に入って来るときは，元気よく「おはようございます！」と言って入ること，先に教室にいた人はそれに「おはようございます！」と元気よく返事をすることを教え，「では，みんなで練習しましょう」と数人ずつ廊下に連れ出します。かばんを背負ったまねをさせ，「今来たところ」という設定でやらせるのです。1年生は，ごっこ遊びが大好きなので，おもしろがって大きな声を出します。すかさずほめ，「○○さん，元気なあいさつでしたね。みんな，どう思う？」「かっこいい！」「○○さん，返事してもらえてどうでしたか？」「うれしかったです」などとインタビューもすると，さらに効果的です。ただ，集団への緊張感が強い子には，無理強いしないことも大事です。

12 姿勢・時間のきまり

これだけは押さえよう！

☑ よい姿勢のお作法

　よい姿勢になるための呪文を決めておいて，教師と1年生が「コールアンドレスポンス」をしながらよい姿勢になれるようにお稽古しておくと，気持ちよくかっこいい姿勢になれます。

☑ よい姿勢をすることの意味

　なぜ，よい姿勢で座らないといけないのか，よい姿勢をしていると，どんなよいことがあるのか，1年生にもわかるように伝えながら，指導をすることが大事です。

☑ 「べんきょう」と「きゅうけい」

　学校には「べんきょう」と「きゅうけい」の2種類の時間があること，それぞれの違いを早めに教え，定着するまでは，今はどちらの時間なのかをカードで示しておくと，指導が楽です。

☑ よい姿勢のお作法

学習時間の「よい姿勢」について教えます。さらに，よい姿勢になるための合い言葉を作っておきます。姿勢が崩れたときや，集中が途切れてざわついたりしたときに使って仕切り直すと，気持ちよくよい姿勢に戻れます。参観日の授業の最初や途中だれてきたときにもお勧めです。

例えばこんな感じです。

T：足は　　　C：ぺたん！（床につける）

T：背中は　　　C：まっすぐ！（背を伸ばす）

T：おなかと背中に　　　C：ぐう！

（机とおなか，椅子と背中の間にこぶし1個ずつ）

T：足の親指も　　　C：ぐっ！（力を入れる）

T：手は　　　C：ひざ！（膝に乗せる）

T：目を見て聞くぞう！　　　C：はい！（完璧！）

掛け合いのようにぱっぱっぱっとテンポよく言い合いながら，姿勢を整えていき，最後にかっこいい姿勢ができあがります。教師が「足は！」と言うと反射的に「ぺたん！」と声が返ってくるまで練習して，「かっこいい！」といっぱいほめましょう。

他にも，「ぐにゃぐにゃの姿勢！　もっとだらだらして！　はい！　いい姿勢！　すてき！」と声をかけるやり方も楽しいです。

☑ よい姿勢をすることの意味

他のきまりごとの指導にも共通して言えることですが，ルールを教えるときには，なぜ，そのルールが必要なのか，そのルールを守るとどんなよいことがあるのかを，必ずセットで教えましょう。

そこが伝わらないと，「先生が見ていなければ守らなくてもいい」と思う子もいますし，応用も利きません。4月頃，「どうして〜をしてはいけないと思いますか？」と聞くと，張り切って「怒られるから！」と答える1年生もいます。たぶん，不適切な行動をしたときに，なぜいけなかったのか諭されたり，どうすればよかったのか聞いてもらったりすることなく，がみがみ叱られておしまい，ということを積み重ねてきたのでしょう。そういう子は，大人の目がないところできまりを破る行動をとりがちです。

よい姿勢をすることの意味はたくさんあります。よい姿勢で座らないと，椅子が倒れたり手足が引っかかったりして怪我をすることもあります。美しい字を書くのにもよい姿勢は必要です。背中を伸ばした姿勢は健康にもいいと言われています。声を響かせるのにも大切です。姿勢が崩れると視力にも影響が出ます。それから，背が高く見えてかっこいい！　まだまだあります。

折々に話をし，「背中が伸びて，いい姿勢ですね。この頃，字が一段ときれいだと思ったら，姿勢をがんばっていたのですね」などと声をかけて，指導を続けましょう。

☑「べんきょう」と「きゅうけい」

学校には２種類の時間があってね，１つは「べんきょう」，もう１つは「きゅうけい」なんですよ，ということも早いうちに教えておきたいことです。

それぞれを示すカードを作っておき，「きゅうけい」は好き勝手におしゃべりしていいけど「べんきょう」のときは「だまって」が基本，「きゅうけい」のときはトイレに行ってよい，というよりむしろしっかり行っておく。でも，「べんきょう」のときは勝手にトイレに行くのはだめで，行きたくなったら「トイレに行ってきます」と先生に告げてから行くのがルール，というように，具体的に違いを教えます。しばらくは，きちんと時程通りに動けない場面が多いこともあって，今はどっちなのか１年生にはよくわかりません。定着するまでは，黒板に今はこれ，とわかるようにカードを貼っておいたり，必要に応じて「今は『べんきょう』ですよ」と示したりしましょう。学校のいろいろなきまりを学んで，いよいよ外に遊びに行けるようになったら，時計の模型を使って，「長い針が７になったら…」などと，切り替える時刻も意識させていきます。

13 嫌なことがあったとき

これだけは押さえよう！

☑ どうするのがよいか教えておく

　友だちに嫌なことをされたのに黙って帰って，家の人に訴え，「どういうことですか！」と電話がかかってくる事態は，1年生にも保護者にも担任にもよくないです。早めによりよい対処の方法を教えます。

☑ 言い方のお稽古をしておく

　「相手に言ったけど謝ってくれない」の中には，言い方の問題である場合も含まれています。うまく気持ちを伝える言い方をみんなでお稽古しておきます。何か起きる前に教え，練習しておくことが大事です。

☑ けんかになったときの練習をしておく

　仲直りのやり方も練習しておきます。トラブルが起きたら丁寧に聴き取りをして対処しますが，トラブルの対処に追われるのはたいへんです。未然に防ぐための手立てを丁寧にしておきましょう。

☑ どうするのがよいか教えておく

最もよいのは，「すぐ相手に『やめて。嫌だったから，謝って』と気持ちを伝えること」です。うまくいくと，すぐ解決です。でも，言えない場合や，言っても聞いてくれない場合もあります。そんな場合，次によいやり方は「すぐ先生に言うこと」です。3番目は「家に帰ってからおうちの人に言うこと」です。違いは，先生にすぐ言えばその日のうちに話し合いができるけど，家に帰ってからだと早くても翌日になってしまい，相手が「そんなこと言ったっけ…」と忘れるかもしれないということです。よくない方法は，「泣き寝入り」。悲しい気持ちがちっとも相手に伝わらないので，続くかもしれません。そして，最もやってはいけないのは「仕返し」です。相手は嫌なことだと気付かずにやってしまったかもしれないけど，自分はされて「嫌だ」と学んだのにやるのだから，相手より悪いことをしてしまうのです。嫌な思いをさせられたのに，こっちが謝らなくてはならなくなります。

1年生にもわかるように絵を描いて説明し，教室にその絵を貼っておきます。

いやなことをされたら・・・	
（ぐるぐる）	あいてにすぐいう。
（うずまき）	せんせいにすぐいう。
○	いえのひとにいう。
△	だまってがまん
×	しかえし

作：矢倉圭

67

☑ 言い方のお稽古をしておく

「先生, ○○さんに言ったのに, 謝ってくれません」と1年生が言いに来ることがあります。まずは, 「あら, まず自分で気持ちを伝えたのね。すごい！ その次に先生に相談に来てくれたのね。これもすごい！」と前述の絵を指しながら, 学びを生かしていることをほめましょう。よくよく聞いてみると, 相手に「なんで〜したの」と言っているということがよくあります。「なんで〜」「どうして〜」と言われても, 実は答えにくいのです。理由がきちんと説明できるようなら, そもそもそんな不適切な行動はしていないのですから。多くの子どもたちが周囲の大人に「どうして〜したの」と言われているのだな, と感じます。「どうして〜」は, 責めているニュアンスは伝わるけど, 「嫌だったんだよ。謝って」という思いはあまり伝わりません。

予め「〜をされて, 嫌だったよ。謝って」「〜をして, ごめんなさい」という言い方を教えておきましょう。

教えるだけでは使えません。テニスについての名著をいくら熟読しても, 華麗なプレイができるようにはなりません。発語も体を使った運動である以上, 実際に練習しておかないと使えないのです。英会話だって, 口に出して練習しないと, とっさの場面でフレーズが口から出てこないのと同じです。みんなで英会話よろしく「先生のまねをしてね。『押されて嫌だったよ。謝って』はい」「押されて嫌だったよ。謝って」などと練習しておきます。

☑ けんかになったときの練習をしておく

　学校に慣れてくると，かまってほしくて友だちにちょっかいを出したり，言わなくてもいい一言を言って怒らせたり，といったトラブルが増え，ときにはけんかになって「先生，〇〇さんが…」「そっちが〜したくせに！」などと訴えてくることもあります。そうなる前に先手を打って，仲直りする方法を練習しておきます。

　「けんかしたときに，小さな子どもは『そっちが〜したでしょ！』『いいや，そっちこそ〜したじゃないか！』と，相手の悪いことばかり言って，自分がした悪いことは言わないんです。でも，大人はね，相手に腹を立てていても『あ，〜してごめんなさい』『いえいえ，こちらこそ，〜してごめんなさい』と，自分の悪かったことを先に言うんですよ。大人ってかっこいいよね。さあ，大人と子ども，どちらのけんかを選びますか？」という話をします。たいてい「大人！」と言います。「すてき。では，練習しましょう」と，お稽古をします。

　うまくいかなくて起きたトラブルは目に見えやすいですが，未然に防げたトラブルは見えません。注目されない事柄はどうしても減り，注目される事柄は増えていくので，「もし，このやり方を使って仲直りをしている人たちを見たり，自分たちが仲直りできたりしたら，それはとてもすごいことだから，教えてね」と言っておきます。見つけたら「伝説の仲直り」としてみんなで大絶賛します。

14 早めに教えたいお作法

これだけは押さえよう！

☑ 言葉遣いいろいろ

言葉遣いは行動と結びついているので，学校という公の場にふさわしい言い方を教えていきましょう。教師は一番のモデルなので，まず自分が，1年生にまねされてもいい言葉遣いを心がけましょう。

☑ 割り込み・やじうまはしない

大人の話に割り込んできたり，何かあると見物に来たりする1年生。小さなことですが，いい感じはしません。その都度注意するより，きちんと全体に指導しておきましょう。

☑ 叫び声は緊急時のために

遊んでいるうちに興奮して「きゃあああ！」と叫ぶ子もいます。放っておくとおもしろがってまねする子もいて，どんどんうるさくなります。叫んではいけない理由を説明して，落ち着かせましょう。

☑ 言葉遣いいろいろ

　4月，鳥取県米子市の1年生たちは「これ，どうすっだあ？」などと言います。「『これ，どうすっだあ？』は，勉強中は何と言ったらいいでしょう」「これは，どうするんですか？」「大人っぽいですね。では，言ってみましょう」と，言い方のお稽古をしています。学習中や大人と話すときの返事は，「うん」ではなくて「はい」に。

　そんなにうるさく言わなくても，と放置していると，後で，外部の人に失礼な言い方をして，注意することになりかねません。言われた方にも言った方にも申し訳ないです。家庭では，公の場での改まった言い方を経験する機会のない子も多いので，学校生活の中で体験させましょう。言葉遣いが改まると，意識や態度も変わっていきます。

　すぐ「知ってる」と言いたがる子もいます。これも，早めに抑えておきましょう。「人が話していることを知っていても『知ってる』と言いません。理由は3つ。まず，『え，自分は知らない…』という人が不安になります。2つめは，これから話すことの中にまだ知らないことが入っているかもしれないのに，油断して聞かなくなるからです。損しますよね。3つめは，話す人が『じゃ，話すのやめよう』とやる気をなくしてしまうこと。みんなが，損します。大人は，『あ，知ってる』と思っても，そんなことは言わないで，うなずきながら聞いています。○○先生（支援や交流の先生）のように。かっこいいでしょ」

71

☑ 割り込み・やじうまはしない

教員同士で打ち合わせの話をしていたり，指導のため児童と話し込んだりしているときに，ずかずか割り込んできて「ねえ先生…」と話し始める子たちがいます。その都度たしなめるのではなく，割り込みはよくないということを教えておきましょう。

「先生たちが話しているとき，どうでもいいおしゃべりをしていると思いますか？　大事な話です。横入りしないでくださいね」でも，命や安全に関わるなど，急いで助けが必要なときは割り込むことも教えます。これは，救急車や消防車などに喩えて説明するとわかりやすいです。基本は青信号，つまり今話している人たちが優先だけど，緊急車両は割り込んでいいのです。ところで，赤信号でも緊急車両は進んでいいこと，サイレンを鳴らして緊急車両が来たら青信号でも止まって譲ることを知らない子もいるので，この機会に教えておきましょう。救急車が向かって来ているのに1年生が青信号を見て横断した事例もあります。

誰かが叱られたり，怪我をしたりしたのを，取り巻いてぼうっと眺めている1年生たちがいます。見られている子は，かなり嫌な気持ちになるものです。これも，「やじうま」といってとても嫌な行為だと教えます。助けてあげられるのなら，すぐやればいい，大人を呼ぶならすぐ呼べばいい，でも，今，自分にできることがなければ，じろじろ見ないのも親切，と説明すると，1年生も納得します。

☑ 叫び声は緊急時のために

ふざけて「ぎゃあああ！」「きゃあああ！」と奇声を発する子たちもいます。放っておくとエスカレートしてどんどんうるさくなります。大きな音が苦手な子もいるので，きちんと話をしておきましょう。

「怪しい人に連れて行かれそうになったときや，大怪我をして助けに来てほしいときなど，本当に怖いことがあったら，どうするでしょう。きっと，『きゃあああ！』などと叫ぶでしょう。そんな叫び声が聞こえたら，大人はきっと助けに行きます。困ったら，叫んでね。でも，もし，ふだんから『きゃあああ！』という声がしょっちゅう聞こえていたら，大人はどうするでしょう」「あ，いつもの声だって思って，見に行かないかも」「その通り！　誰も行かないと思います。恐ろしいのは，『きゃあああ！』という声は誰の叫び声かわからないということです。誰かが叫び声をふだんから使っていると，その人だけでなく，みんなが，助けてもらえなくなります。みんなが危険になるのです。だから，つい，楽しくて叫んでいる人がいたら，『静かに』と教えてあげましょう。『うるさいっ！』と叫ぶとよけいうるさくなるから，『しいっ』の動作で合図するといいですよ。叫び声は命を守る大事な声だから，自分や友だちを守るときのために，大事にとっておきましょう」

１年生は，防犯用のブザーや笛をついつい鳴らしたくなるものですが，これを止めるのにも同じ話が使えます。

15 学習の準備

これだけは押さえよう！

☑ さっと準備ができるように

　さっと道具の出し入れができるよう，引き出しを整えておきましょう。４月に，「国語の教科書」「算数のノート」などの名称も教え，黙って素早く出し入れする練習をしておきます。

☑「基地」に準備

　教科によって机上に用意する物を決めておき，机の左端を「基地」と名付け，そこに置くルールにしておきます。毎回指示されなくても，学習の準備が自分でできるようになります。

☑ 自分たちで学習を

　自主学習も１つ１つやり方を学んでからでないとできません。音読など，自分で始められる学習を丁寧に教えて，自分たちで学習を始められるように導いていきます。

☑ さっと準備ができるように

　学習の準備がさっとできるようにするためには，学習用具が使いやすく整理されている必要があります。私の学校では，仕切りで2つに分ける引き出しが使われています。片方を「お帰りの部屋」と名付けて，毎日持ち帰るノートや教科書などを入れています。もう一方は「筆箱とお泊まりの部屋」です。筆箱と，ずっと引き出しに入れておく自由帳と，6年生や2年生にもらった名刺などの大事な紙類を入れておく「お泊まりファイル」（B5のクリアフォルダー）等が入れてあります。筆箱は本来「お帰りの部屋」ですが，狭いので「お泊まりの部屋」に居候しています。帰る用意をするときは，筆箱を忘れないよう，「筆箱，お帰り」と言いながら「お帰りの部屋」に入れます。

　入りきらないクレパス，クーピー，のり，はさみ，算数の学習でそのときどきによく使う道具は「道具袋」と名付けた100円ショップのポケット付きミニトートバッグ（現在使用中の品は税別200円の商品）に入れ，机の横に掛けさせています。便利です。

れんらくぶくろは　おふとんみたいに　うえに

あたらしい
こくご　｜ェ

こくご・さんすうの
のうと・きょうかしょ
したじき

おかえりのへや

学習帳

白無地
ON-29

ふでばこと
おとまりのへや

☑「基地」に準備

- -

　机の左端を「基地」と名付け，学習の準備をするときは，ここに必要な道具を整理して置くことにしています。学習道具の「基地」というわけです。

　国語・算数のときは「基地」に教科書・ノート・下敷き・筆箱を置く，など，教科によって「基地」に置く物を決めています。学習の内容によっては，出していたノートや下敷きを使わないときもありますし，途中でしまうこともありますが，その時間に使うかどうかに関係なく，準備としていつも同じ物を出すきまりにしておくことで，いちいち担任の指示を聞かなくても，子どもたちが自分で次の学習の用意ができるようになります。

　基本はノートや教科書等を縦向きに重ねて置くようにしていますが，横長のノートやドリルを広げて使うときには基地の物を横向きに置き直すと机が広く使えます。「フォーメーションチェンジ！」と言いながらやると，楽しいです。慣れると，子どもたち同士で「フォーメーションチェンジやるよ」と声をかけ合ってやるようになります。

　「基地」が散らかっていると効率が悪くなるので，ときどき，「基地は，きちんとしていますか？」と声をかけ，整頓します。

　「基地」に出すべき物が出ていない，しまっておくはずの物が出ている，などのときは声をかけ，きちんと整えてから学習を始めます。

☑ 自分たちで学習を

　学習の準備をして待っていても，トイレから帰ってこない人がいたり，担任の手が離せなかったりして，授業が始まらないことはあります。そんなときのために，自分でできる学習を教えておきます。1年生ですからできることは限られていて，特に最初の頃は難しいですが，できることが増えるたびに「これは，待っているときに自分でやっていいですよ」と教えると，1年生は張り切ります。

　国語なら，まずは音読，学習が進めば，ノートに言葉集めもできます。音読に慣れてきたら，声をそろえて読めるよう，最初は担任の声に合わせて音読する練習を重ねておきます。「ばらばらに読むと，まだすらすら読めない人が，困るでしょう。みんなが声を合わせて読むと，苦手な人も早く読めるようになるから，力を貸してね」と説明すると納得し，やがて自分たちだけで声を合わせて読めるようになります。そうなったら，説明文や物語の学習をしているときに，早く準備できた子が，今学習している文章を読み始めたのをほめ，他の子たちに「○○さんに合わせて」と声をかけます。次第に合わせる声が増えていきます。自分たちだけで学習を始めたことをしっかり讃えると，自分たちで声をかけ合って音読を始めるようになります。

　算数は，教科書に載っている，おはじきや数カードのゲームから始め，学習が進むと，計算カードを使ってノートに「計算マラソン」ができます。

16 書く

これだけは押さえよう！

☑ なぜきれいに書くのかを

「ひらがな書けるもん」と，書く練習にやる気を見せない子もいます。でも，よく見ると，書き順や形がおかしい子も多く，正しく学ぶことが必要です。きれいに書くことの必要性を意識させましょう。

☑「ただしく　はやく　うつくしく」

丁寧に書くよう意識させ，こちらも苦しいけれど，丁寧に朱を入れる，その繰り返しできれいな字が書けるようになり，自信につながります。でも，「早く」も意識させないと，時間が足りなくなります。

☑ 書くときのお助けグッズ

ちょっとしたことですが，下敷きを使うよう意識させたり，ノートと同じマスのノート黒板やラミネートシートに手本を書いたりといった支援で，書くことへの負荷を少しでも減らします。

☑ なぜきれいに書くのかを

最初に，きれいに書くことの必要性を伝えましょう。

「大人になったら，どんな仕事をしたいですか？　どんな仕事でも，誰かと力を合わせることは必要です。あなたが一緒に仕事をしたいな，と思っている人が２人いるとしましょう。どちらも同じくらい，いい仕事をしてくれそうです。でも，１人しか選べません。迷っていたら，留守中にその人たちが会いに来て，メモを残していきました。同じことが書かれています。さあ，どちらの人に電話しますか？」

　２種類の紙を見せると，１年生たちは一斉に，丁寧な字の方を指さします。「どうして？」と聞くと，「賢そう」「しっかりしてる感じがする」などと答えます。「字が丁寧だと，いいチャンスが増えるんですね。どっちの字が書きたいですか？　では，練習を始めましょう」

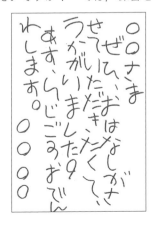
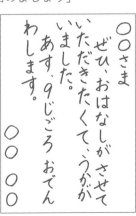

79

☑「ただしく　はやく　うつくしく」

「よし，丁寧に書こう！」と決心した１年生たちに，こちらも赤ペンで丁寧に応えます。最初は自信をもたせるため丸を大盤振る舞いしますが，だんだん容赦なく朱を入れていくようにし，ワークブックはスプラッター映画の様相を呈していきます。お互い心が折れないように，口では「この線がきれい」「ここのはらいがすごい！」「きれいに直したね」などとたっぷりほめます。

そのうち，丁寧に書こうとするあまり，恐ろしく時間がかかる子たちがしばしば現れます。そこで，かくときはただしく　はやく　うつくしくの呪文を使います。「書くときにいちばん大切なのは，『正しく』です。間違ったことを書いたら大事なことが伝わらないでしょ。２番目は『早く』です。時間が足りなくなって最後まで書けなかったら，書かなかったのと同じことになって，伝わらないからです。この２つができてから，『美しく』をめざしましょう」と説明し，先生が「書くときは？」と言ったら１年生たちが「ただしく　はやく　うつくしく！」と唱えるように練習しておきます。

「遅いな，と自分で思う人は『早く』を，自分は早いと思う人は『美しく』をがんばりましょう」と声をかけます。

かくときは
一　ただしく
ニ　はやく
三　うつくしく

80

☑ 書くときのお助けグッズ

きれいに書くために忘れてはいけないのが，下敷きです。ひらがなのワークブックを直していても，下敷きを入れ忘れた子のは，下のページに鉛筆の跡がついていて書きにくいと感じます。最初はページのどこを開くか，どこに下敷きを入れるか，1つ1つ丁寧に教えますが，だんだん慣れ

てきて，数ページ続けて書くようになると，下敷きを入れ直すことをよく忘れます。そこで「したじき　ひっこし」のカードを黒板に貼ります。

ノートに書くようになると，ノートと同じマスのノート黒板を用意して手本を書きます。最初は1字ずつ，だんだん一度に書く量を増やし，数行書くようになったら，1行ずつ手本の色を変える（色の識別が難しい子に配慮を）とわかりやすいです。ちょうどいいマスのノート黒板がなければ，ノートのコピーをA3サイズ4枚に印刷し，ラミネートして貼り合わせると便利です。ホワイトボードマーカーで書けます。黒板のお手本を見ながらではうまく書けない子もいます。そんな子にはノートのコピーをそのままラミネートし，細字のマーカーで書いて手元に置くと，ずいぶん楽になります。

17 話す・聞く

これだけは押さえよう！

☑ みんなに向かって話す練習①

1年生がみんなに向かって話すのは難しいことです。緊張して言えなくなる子もいます。体の向け方，言い方など，教えたいこともたくさんあります。最初は，話しやすい内容で，練習の機会を設けましょう。

☑ みんなに向かって話す練習②

ただ「がんばって言ってごらん！」だけでは，緊張が強い子は追い詰められます。最大限の支援を駆使して話しやすい状況を作り，「みんなの前で話せた！」という自信が得られるように仕組みます。

☑ 話す・聞くときの作戦

「相手に聞こえる声で」「目を見て聞く」など，話すとき・聞くときに気を付けることを書いた掲示物を作って，意識させるのもいいですが，その内容を国語の授業で子どもたちに考えさせると効果的です。

☑ みんなに向かって話す練習①

みんなに向かって話すのが苦手な子たちもいます。原因は，話す内容がわからない，話す内容はわかるけれど言い方がわからない，話す内容も言い方もわかるけれど緊張が強い，と様々です。

みんなに向かって話す練習は，自分の意見を言うような難しい内容ではなく，教科書の絵を見て，見つけたことを言うような，単純な内容にします。

まず，教師が「聞いてください。鳥がいます」などとお手本として話し，みんなで復唱します。これを何例か繰り返します。「〜がいます」ばかりだと「花がいます」と言いそうになって戸惑う子もいるかもしれないので，「いすがあります」「花が咲いています」「魚が泳いでいます」など，迷いそうな例を想定して練習させます。

話型を板書してもいいですが，すらすら読めない子もいるので，なるべく書く量は少なくします。

子どもたちが慣れてきたら，1人で言う練習をします。その際，自分が見つけたことを話せばいいけれど，練習で言ったことや，友だちが言ったことと同じになってもかまわないということを伝えておきます。

前に出て話す練習も必要ですが，自分の席で立って言う練習も大切です。席の順で練習すると，そろそろ自分だな，と見通しがもてるので安心です。緊張しやすい子が最初にならないよう配慮して，順番を決めましょう。

☑ みんなに向かって話す練習②

　みんなに向かって話す練習のとき，教師は，話す子の後ろに寄り添って立ちます。肩にそっと手を置き，みんなの方を向かせます。そのまま肩に手を置いておくと安心感が増します。黒板に話型が書いてあっても，黒板ではなく聞いている人たちの方を見て話すようにさせます。そして，教師が，「聞いてください」と背後から，他の子たちにも聞こえるくらいの小さい声で言い，復唱させます。「先生が助けてくれるんだな」とみんなも安心します。

　先生が話す子の背後にいると，聞いている子たちは自然とそちらを見ます。すかさず「すごい！　○○さんを見て聞こうとしていますね。○○さん，みんなが見てくれていると，どう？　うれしいね。話しやすいよね。みんな，○○さんがうれしいって」と，聞くことの指導も同時に行います。話し終えたら話す・聞く，両者をほめます。

　話す子の声が小さすぎてみんなに聞こえないときは，「もう一回言ってね」とささやいてから，さっきその子が言ったことを教師が「みんなに聞こえる小声」で言って復唱させます。2回目も小さくても，教師の声が聞こえているので，みんなは聞こえたように思ってくれます。

きいてください

きいてください！

はい！

☑ 話す・聞くときの作戦

　私は国語の授業で子どもたちと一緒に「話す・聞くときの作戦」を考え、みんなで考えたことを教室に掲示して1年間ずっと使うようにしています。教えられたことより、自分たちが見つけたことの方が、やる気が出るからです。また、国語の学習で身に付けた力が、その時間だけでなく、他の教科でも、ときには学習以外の場面でも、役立つということを感じていてほしいのです。学習とは、その場だけがんばるものではなく、みんなの日常やこれからを豊かにし、彩り、次の力を獲得する学びを誘うものだ、そんな感覚を実感させたいのです。だから、「最後まで聞こうね」

ではなく、「聞くときの作戦5番『最後まで聞く』を使おう！」と声をかけます。ちなみに、『話す・聞く』作戦を考える授業では、りんごジャムのレシピを伝えています。

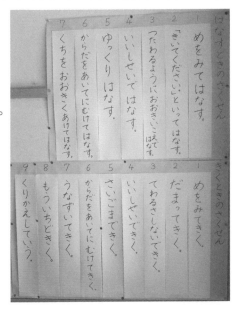

18 音読・暗唱

これだけは押さえよう！

☑ 音読のやり方

　音読は手軽にでき，脳の発達によい影響をもたらす，優れた学習です。授業にどんどん取り入れましょう。子どもたち任せにすると妙な節がつくので，最初は教師の美しい範読に合わせるようにさせます。

☑ 暗唱のやり方①

　国語の教科書の文章の暗唱に挑戦し，他の子どもたちが審査員を務めるというやり方で，すらすら読めない子も，繰り返し聞き，優れた文章に無理なくなじむことができます。

☑ 暗唱のやり方②

　１年生は暗唱が大好きですが，挑戦に尻込みして前に出ようとしない子たちもいます。個々に声をかけ，その子に合った背中の押し方を探します。そういう子ほど，「できた！」という喜びも格別なのです。

☑ 音読のやり方

お勧めの音読のスタイルは，教科書を立てて持つのではなく，<mark>机の上に教科書を開いて置き，今読んでいる行を指で追っていく読み方</mark>です。まだすらすら読めない子が今どこを読んでいるのかわからなくなるのを防ぐ，わからなくなっている子を見つけ，指で示して助けられる，耳から覚えて読んだつもりになっている子を文字に注視させ，言葉を意識させる，などの効果がある他，教科書を読んでいるふりをして違う世界に漂っている子を見つけてさりげなく現実世界に連れ戻すのにも便利です。

初めての文章を読むときは，教師が範読し，子どもたちには黙って指でついてきてもらいます。次は，声を出さず，口を動かしてもいいことにします。「指だけ」「指と口」から好きなコースを選びます。その次は「小さい声と指」というコースが付け加えられます。<mark>範読は，アナウンサーになったつもりで，明瞭に，流暢に。</mark>１年生だからといって妙にゆっくり読んだり，「おじいさんはあ♪」と語尾を上げたりしないでください。すいすい読んでも，ちゃんとついてきて，自分たちでも読めるようになります。

国語の授業の前にみんなで声をそろえて読む，授業中にも，何か言葉を探すたび，必要な部分を音読する，授業の最後にも，ついた力を確かめるためにもう一度音読する，など，何度でも音読する場を設けましょう。算数でも，問題を音読すると，理解を助けることができます。

☑ 暗唱のやり方①

すらすら読む人は，１字１字を高速で読むのではなく，知っている単語を探し，かたまりとして読んでいます。つまり，多くの書き言葉を知らないと，すらすら読めないのです。すらすら読めない→読書しない→語彙が増えない→すらすら読めない…。この絶望的な負のループを打破するのは読み聞かせと，暗唱です。暗唱するのは，国語の教科書の詩・物語・説明文がお勧めです。暗唱するほど文章になじめば，すらすら読めない子も，授業中の読み取りが楽しくできます。長い文章は適度に切り分けます。

挑戦したい子は前に出て，１人ずつ暗唱します。審査員は座っている子どもたちです。みんなが出てしまうと審査員がいなくなるので，半分に分け，時間がないときは「今日は『あチーム』さんだけね。『いチーム』さんは明日です」ということもあります。

挑戦者は，「聞いてください。『サラダでげんき』の３番目を言います」というように宣言してから始めます。審査員はそのページを開き，「はい」と返事をします。このとき，挑戦者から見えないように，教科書は立てて持ちます。一言一句見逃さないよう，教科書の文字から目を離してはいけません。子どもたちに審査をさせるのには，意図があります。読むのが苦手な子も，審査をしている間は繰り返し聞くことになり，耳から入り，自分も覚えて言えるようになり，自信と語彙の獲得につながるのです。

☑ 暗唱のやり方②

　審査員は，挑戦者が暗唱に成功したら「合格！」，間違えたり，間が「５つ数えるくらい」空いてしまったりしたら「残念…」と言います。「残念」の場合は，挑戦者は気持ちがくじけてしまうので，審査員は「悔しいよね…」という気持ちを込めて優しく言えるように練習し，「『〜』が抜けてたよ。でも，いい声だったよ」「間が空いちゃったよ。でも，がんばったね」と解説および温かい言葉を付け足すことも練習しておきます。挑戦者が自分から「忘れました」と言うこともできます。

　挑戦は，１日１回までというルールにしています。この物語に合格したら次はこの説明文と，挑戦する文章の順番を知らせておき，合格したら次に進みます。合格者には，家庭学習用の「音読カード」の表紙に，ラベルシールに印刷したシールを貼っています。シールは合格した文章ごとに作っておくと，どこまでに合格したか一目でわかります。

　１年生はこの暗唱に夢中になり，熱心に練習します。勇気が出なくてなかなか挑戦しない子がいたら，「やってみない？」とそっと声をかけ，それでもだめなら，みんなが暗唱をやっている間に教室の外に連れ出し，「聞かせて」と練習させ，できたら「大丈夫！　挑戦してごらん」と励まし，寄り添って挑戦させます。それでも無理な，場面緘黙などの場合は，本人と相談して，「先生に聞いてもらう」「家で聞いてもらう」などの代替策を探します。

19 掃除

これだけは押さえよう！

☑ 最初は少しずつ

1年生だけで掃除する場合，やり方を教えるのはとてもたいへんです。小分けにして教えるなど，無理のないようにしましょう。焦らないで，1年生が学校に慣れてきてから指導を始めましょう。

☑ 教えるときは1つずつ

机と椅子を運ぶ，ということだけでも，最初は手順と説明の仕方をよく考えて，1つずつ指導しなければ伝わりません。当番を替えるたびに一から教えるのは困難なので，1人ずつの当番表にします。

☑ わかりやすくする工夫

ちょっとした工夫で掃除のやり方がわかりやすくなったり，片付けやすくなったりします。上手にできるようにいろいろ手配しておいて，うまくできたらいっぱいほめましょう。

☑ 最初は少しずつ

　掃除も，学校によってやり方が大きく異なると思います。1年生だけでやる場合，上級生と一緒にやる場合，コロナウイルス感染防止のため，コロナ前と大きくやり方を変え，そのやり方を踏襲している場合や，また元に戻した場合など，様々でしょう。学校のやり方をよく確認して指導しましょう。

　ここでは，指導が難しい，1年生だけで掃除する場合について説明します。

　掃除には，机を運ぶ，ほうきで掃く，雑巾で拭く，など，様々な仕事があり，そのほとんどは子どもたちがあまり経験していない仕事であることが多く，従って，その1つ1つに教えなければならない細かい事柄があるので，指導が本当にたいへんです。入学してしばらくは机の整頓やごみ拾い程度にしておいて，子どもたちも担任も少し落ち着いてから指導を始めてもいいと思います。ただし，その場合，放課後さっと掃除することを忘れずに。

　最初から全ての仕事を一度に教えようとしないで，「今日はほうきの人と机拭きの人ね」と小分けにして少しずつ教えていき，教わった人から掃除に参加していくというやり方にすると，担任1人でもなんとかなります。小分けにして教える場合，まだ教わっていない子どもたちはその間待っていないといけないので，廊下でごみを拾うなど，待つ場所とやることを決めておきましょう。

☑ 教えるときは１つずつ

　初めて小１担任をしたとき，最初の掃除で「机を後ろに運んで」と指示し，黒板の方を一瞬向いて振り返ったときの衝撃は今でも忘れられません。机を斜め方向に運ぶ子，ぼうっと佇む子を追い越して運ぶ子…カオス，でした。

　「○○さん，△△さん，（略）立って。机を持ち上げます。そのまま，まっすぐ，ここまで。はい，机を置いて。次は椅子をこう持ちます。そう。椅子を置いて。…」というように１つずつ，丁寧に指導します。

　掃除当番の表は，班ごとではなく，１人ずつ名前を書いて１人分ずつずらしていく方式がお勧めです。せっかく時間をかけて全ての仕事のやり方を教えても，ごっそり担当が変わったらまた最初から教えなければならなくなります。悪夢です。１人分ずつずらし，前の人に仕事を教わり，自分は次の人に先輩として仕事を教えるというシステムにしておくとずいぶん楽です。２，３人でやる仕事は固めておくと，同じ仕事を続けてやる人がいるので安心です。逆に人数の多い仕事は，固めておくとずっとそればかりやることになるので，小分けにして散らしておきます。教え合うときのことを考えて，教え合うのが苦手そうな子と得意そうな子が隣り合うように順番を考慮します。

☑ わかりやすくする工夫

ほうきで掃いたごみを「この辺に集めて」ではなく，ビニールテープを床に四角に貼っておいて「ここにごみを集めます」と教えるとわかりやすくなります。

雑巾には油性ペンで用途や番号，クラス名などを書いておきます。これで，片付けるのを忘れてほったらかしてあっても，「これは誰のですかっ？」と眉間にしわを寄せて呼びかけなくてもすみます。

種類別にペンの色を変え，雑巾掛けに紐付き洗濯ばさみをつけておいて，ペンの色と洗濯ばさみの色をそろえる，雑巾掛けにもどこにどの雑巾を掛けるか書いておく，きれいに雑巾を掛けた写真を貼っておく，など，雑巾を片付けやすくするのにも，いろいろな工夫ができます。

机の整頓も，床にペンやシールなどで印を付ければ，上手にできます。

20 給食
（指導の方法と心構え）

これだけは押さえよう！

☑ 当番表

　給食も学校でやり方が違います。同じ学校でも担任によってお作法が違い，手伝いの６年生がクラス替えしたばかりで混乱することもあります。異動したてなら，よくわかる先生に助けてもらいましょう。

☑ 初めての給食

　初めての給食は，安全に無事食べさせることができたら，大成功です。いろいろ指導したいことは，とりあえず棚上げしておき，「給食，おいしかったね」という１年生の笑顔を目指しましょう。

☑ 食べたい気持ちを盛り上げる

　給食指導は，子どもたちにどれだけ「食べたい！」と思わせることができるか，ここにかかっています。勝負は給食時間だけではありません。午前中の授業から，仕込みを始めます。

☑ 当番表

　最初は6年生や先生方に助けてもらいましょう。来てくれた6年生同士のお作法が違って混乱することもあるので，例えば食缶や食器の並べ方などの掲示物があれば，予め「このやり方で」と貼っておくと安心です。

　給食当番は，どの仕事に何人，といったことも上学年と低学年でも違うこともあります。よく確認してから当番表を作りましょう。当番表はラミネートしてから差し込み式のクリップをつけると，持ち運んでも外れないので便利です。磁石でくっつくようにしておくと，説明の際，黒板に貼ったり，給食室まで持っていって，食器などを取るときにコンテナに貼ったりすることができます。

☑ 初めての給食

初めての給食は，うんと早めに始めて，順を追って説明しながら実際に準備をします。当番が白衣を着る頃か，遅くとも着終わって並ぶ頃に6年生に来てもらうように打ち合わせておきます。それぞれの当番についてもらって，やり方を教えてもらいます。なるべく，6年生がやるのではなく，やり方を教えるようにしないと，いつまでも1年生ができるようになりません。ただ，アクシデントや6年生の予定などで時間がない場合は，話は別です。食べる時間を確保することを優先しましょう。

特に初回の給食は，指導を欲張らないこと。食物アレルギーや衛生面，安全面に気を付けて，無事に食べることが第一で，その次は1年生が楽しく食べることが大事です。残さず食べるとか，好き嫌いしないで食べるとか，遊んでいないで時間内に食べるとか，指導したいことは山ほどありますが，それは後々，少しずつやっていきましょう。入学したばかりの1年生は，給食を負担に感じて「行きたくない」と言い出すことも珍しくありません。まずは「おいしかった。楽しかった。また食べたいな。明日も楽しみだな」と思ってもらうことが大切です。「しゃべってないで早く食べようね」などと言いたくなるかもしれませんが，それより，担任も「おいしいね」と微笑みながら，がんばってさっさと食べましょう。なにしろ，片付けがまた大仕事です。気力と体力を残しておきましょう。

☑ 食べたい気持ちを盛り上げる

　「食べる」という行為は，リラックスしていないとできません。緊張したり悲しい気持ちでいっぱいだったりすると大人だって喉を通りません。給食前は，なるべく叱らないよう，心がけましょう。でも，興奮して危険なことをしたり，ふざけて不衛生なことをしたりしたら指導しないわけにはいきません。準備前に，どんなことに気を付けたらいいか，声をかけて意識させておきましょう。

　給食直前の学習では，なるべく楽しく，気持ちよく笑うような活動を取り入れるようにします。興奮しすぎても落ち着いて食べられなくなるので，ほどよく。

　私がよくやる裏技は，午前中の算数でさりげなく今日の献立に出る食品を問題に出し，担任がそれをいっぱいおいしく食べるようなお話にすることです。「わあ，先生ばっかり，いいなあ」「おいしそう」などと言ってくれたらしめたもの。給食に出ると「やった！」とテンションが上がります。潜在意識，侮れません。

　食べ始めてからも，「今日の味噌汁に入っている竹の子は，大きくなったら何になるか知っていますか？　そう，竹ですね。竹の子は伸びるのがものすごく速いんですよ。これを食べたら，みんなも大きくなるかも。先生よりきっと大きくなるよ！」「ひじきが入っているの，わかる？　これにはカルシウムが入っていて，背が伸びたりいい歯が生えたりしますよ」などとがんがんあおります。

21 給食（個別の手立て）

これだけは押さえよう！

☑ 食べるのが苦手な子への手立て

　給食を負担に感じて行き渋りが始まるケースも少なからずあります。少食や偏食の子が追い詰められた気持ちにならないよう，気持ちが楽になるような手立てを心がけましょう。

☑ 速く食べる子の秘密

　食べるのに恐ろしく時間がかかる子たちがいます。食べながら遊ぶ子，おしゃべりに夢中になる子，ぼうっとしている子，ちびちび食べる子，様々です。速く食べる子に注目してその秘密を紹介しましょう。

☑ ラストスパートの技

　みんなが残さず食べるようになり，お代わりする子も増えて，「今日は食缶が空っぽ？」とクラス全体が盛り上がっているところで，あと少し，というときの手立てをいくつか用意しておきましょう。

☑ 食べるのが苦手な子への手立て

少食や偏食などで，給食を負担に感じている1年生は案外多いものです。実は私も小学生の頃，少食で，食べなければと思えば思うほど吐き気がして，給食時間が憂鬱だった時期がありました。思い詰めるとよけい食べられなくなるので，気持ちを楽にする手立てを考えましょう。

まず，食べる前に減らせるようにします。「汁を減らしたい人」などと呼びかけて持ってこさせ，教師が「これくらい？」と聞きながら減らします。「食べられるかな…」と不安に思いながら箸を付けるより，「これだけ？　いや，もっと食べられそう」と思う方が食欲が出るので，「もっと食べさせたいな」と思わないで減らした方がいいです。

逆に「増やしてほしい」と言う子もいますが，極端に少ない場合を除いて，もっと欲しいときは全部食べてからお代わり，というルールにしておいた方が賢明です。食べる前はおなかがすいているので，つい身の程知らずな量をもらってしまうことが往々にしてあるからです。

減らしても嫌いな物を食べない子には，プレパラートの試料くらいの微量から始めます。苦手な物を少しでも食べたら，みんなに紹介しましょう。「○○さん，魚食べたんだって！」「すごい！」「自分も苦手な物食べたよ，っていう人いる？　わあ，かっこいい！」とみんなで讃え合います。「すごい！　お魚記念日だね。帰ったら，おうちの人に言うんだよ」と言う方法もあります。

☑ 速く食べる子の秘密

お代わりは，教師が入れるようにしています。衛生面，食物アレルギーの子の誤食防止，食べ過ぎ防止など理由はいろいろです。お代わりは欲しい物だけでなく，全種類少量ずつというルールにしています。好き嫌いしないでバランスよく食べることが大事，というメッセージです。「ええっ！　お代わり？　すごい！　今夜は早く寝てね。ぐっと背が伸びて先生より大きくなるよ。先生，下から『○○さあん』って見上げて呼ぶね」などと笑顔で言います。

さて，食べるのが遅い子たちに声をかける前に，速く食べて涼しい顔でお代わりに来る子たちに注目しましょう。まず，速い子たちの特徴は，集中して食べていることです。また，適量を口に入れ，大きく口全体を動かしてよくかんでいる子も多いです。遅い子たちがもやし１本を前歯でちまちまかじっていたり，逆に大量に口に入れてもごもごしていたり，よくかまずに牛乳で飲み下したりしているのと対照的です。もぐもぐしながら次の一口のために箸を動かしている子もいます。苦手な物から食べる工夫をしている子もいます。そういった秘密を「みんな，食べながら聞いて！　○○さん，すごいんだよ」と，どんどん紹介しましょう。遅い子に注意するより効果的です。

「お代わり」も「速く食べる」も，あおりすぎないように気を配りましょう。期待に応えようと食べすぎて吐いたり，よくかまずに飲み込んだりしては危険です。

☑ ラストスパートの技

食缶に少し残っていて，未使用の食器がいくつかあるときは，少量ずつ入れて並べ，選べるようにしています。全種類取るのが原則です。「お待たせしました。ミニミニランチバイキングです。先着４名様。あっ！　あと３名様！お早めに！」などと言うと１年生は大喜びです。

あとちょっとできれいに食べられるのに，飽きてしまって食べようとしない子が数人残っているときには，実況をしてみましょう。「さあ，○○選手，△△選手，□□選手，がんばっています。○○選手はお茶碗を手に持っていますからね，速そうです。いや，箸の動きがいい△△選手も速いですよ。おおっと，ここで□□選手が本気を出しました！　これは速いっ！　○○選手も負けていません！　□□選手ゴール！　次にゴールするのは誰だっ？」と，実況も解説も担当します。照れは捨てて熱く語りましょう。

苦手な物を残して箸も持たず躊躇している子には，箸でちょっぴり食べ物を取り，人形劇をやっているつもりで「へっへ～ん，僕はゴボウだぞ。食べられるもんなら食べてみろ～。怖くなんかないぞ。ほれほれ」と口の前で挑発します。食いついてきたらさっと遠ざけ，じらします。再び近づけて「へっへっへ。怖くないもんね。どうせ食べ，あっ…」食べられたら，さっきより少し多めで「どうだ，俺は大きいぞ。これなら食べられ，あっ…」（以下略）

乗ってこないときは引き下がり，片付けてもらいます。

101

22 朝の会・帰りの会

これだけは押さえよう！

☑ 朝の会の流れ

　２年生以上だと朝の会でやることや司会のせりふを書いた紙を貼っておいたり，司会に持たせたりしますが，すらすら読めない子が少なからずいる１年生では，担任が口で言って復唱させる方が早いです。

☑ 健康観察

　健康観察は，担任が１人ずつ名を呼び，「はい，元気です」と返事をすること，みんなの健康状態を知って担任が学習内容を調整したり，友だちが遊びに誘っていいか判断したりすることを説明します。

☑ 帰りの会

　下校前の１年生は集中力が限界ということも。時間や状態が難しければ，帰りの会は無理をしないこと。落ち着いて安全に，そして「楽しかった。明日も来たい」という気持ちで下校することが優先です。

☑ 朝の会の流れ

朝の会でやることも，その学校のスタイルがあると思いますが，私が勤務してきた学校のやり方だと，だいたい次のような内容です。

> ①「おはようございます」　②朝の歌　③健康観察
> ④先生の話（今日の予定・連絡）　⑤あいさつ

これに，2学期からは「日直の話」を加えています。

司会は日直がしますが，入学後しばらくは担任が司会をやって，流れや司会の言い方に慣れさせます。

学校に慣れてきて，日直を始めたら，朝の会・帰りの会の司会を担当してもらいます。担任が日直の横で，せりふを1文ずつ小さめの声で言い，大きな声で復唱させます。

> 立ちましょう。よい姿勢をしましょう。これから，朝の会を始めます。朝のあいさつをしましょう。おはようございます。
> 朝の歌を歌いましょう。座りましょう。
> 健康観察をしましょう。
> 先生のお話を聞きましょう。
> よい姿勢をしましょう。これで，朝の会を終わります。礼。

☑ 健康観察

　子どもたちには，健康観察は，担任が名前を1人ずつ呼び，1年生が「はい，元気です」と返事をすること，子どもたちも互いに返事に注目して，友だちの名前と顔を覚えること，返事をする際，どの子が言ったか友だちにもよくわかるように手を高く挙げることなどを伝えます。

　慣れるまでは，返事は「はい，元気です」だけにして，声の調子や表情で健康状態を観察したり，保護者からの連絡で把握したりした方が子どもたちの緊張が減らせます。慣れてきたら「頭が痛いです」「手を怪我しています」などの言い方を教えますが，「休憩時間の外遊びや体育ができないとき」「おうちの人の連絡が書いてあるとき」に限るなど基準を決めておかないと，誰かが「頭が痛いです」などと言おうものなら，ぞろぞろと同様の返事が続出し，そのうちだんだんそんな気分になり，さっきまでみんな元気だったのに，次々と机に伏す，といった事態も起こり，本当に体調の悪い子が把握できなくなります。

　健康観察のもう1つの大事な目的は，1人1人の名前を呼び，プラスの声かけをすることです。人数が多くても，健康観察のときなら確実に，全員に声をかけられます。子どもの返事に「すごい！　声が響いたね」「3階まで声が届いてるよ」「手がまっすぐでかっこいい！」といったプラスの言葉を返します。場面緘黙や朝からご機嫌斜めで返事ができない場合は，「がんばって来たね」と言います。

☑ 帰りの会

帰りの会はこんな内容でやっています。

①あいさつ　②「今日の○○」（学級目標ができたことを見つけ合う）　③みんなからの連絡　④先生の話　⑤「さようなら」

司会はこんな感じです。

よい姿勢をしましょう。これから，帰りの会を始めます。礼。
「今日の○○」を見つけてください。みんなからの連絡はありませんか。
先生のお話を聞きましょう。
立ちましょう。椅子をしまいましょう。机を印に合わせましょう。よい姿勢をしましょう。これで帰りの会を終わります。さようなら。

　下校前の1年生は疲れて集中が難しく，荷物の準備に手間取ったり，けんかやおもらしなどアクシデントが起きたりしがちです。学年でそろって下校するなど，下校時刻厳守の場合は，時間になったら帰りの会は迷わずカット，「明日も元気で来てね！」と笑顔で言い，「よい姿勢」と「さようなら」だけびしっと決めて終わりにします。

23 休憩時間

これだけは押さえよう！

☑ 休憩時間のために教えておくこと

　休憩時間に自分たちで遊びに行けるようにするために，どんなことを教えたらいいのか，1年生の動きや起こりそうなトラブルなどを想定して考え，前もって指導しましょう。

☑ 外で遊ぶときのために教えておくこと

　外遊びをするために教えなければならないことは，実際に外に出てみて，具体的にその場で教えたり，練習したりさせるのが一番です。時間を守って帰ってくるように時計の確認も忘れずに。

☑ 教室で過ごすときのために教えておくこと

　教室でできる遊びのリストの紙を掲示しておき，「これも休憩にできるね」と，できることが増えるたびにどんどん書き込んでいくと，子どもたちはわくわくします。雨の日も楽しめます。

☑ 休憩時間のために教えておくこと

「休憩時間です。遊びに行ってらっしゃい！」と言えるまでに，教えておくべきことはどれくらいあるのでしょうか。校庭に遊びに行くことを想定するなら，「廊下を歩くときのルール」「上靴・外靴を履き替えるときのルール」「校庭までのルート」「校庭や校舎周りの行ってはいけない所」「校庭で遊んでいるときに見る時計」「校庭で遊ぶときのルール」「遊具で遊ぶときのルール」「遊具の近くを通るときに気を付けること」「使っていい遊び道具があれば，その使い方」「遊びをやめるタイミング」「外から帰ってきたときにやること」「怪我をしたときにすること」…それぐらい何とかなるでしょ，と手を抜くと，結局，後で注意することになったり，防げたはずの怪我をさせてしまったりしかねません。気持ちよく遊べるように，いろいろなことを想定し，先手先手で指導しておきましょう。

友だち同士で「一緒に遊ぼう」「うん，いいよ」と誘い合うやりとりも練習しておきましょう。みんな，わあっと遊びに行ってしまうので安心していたら，同じ園の仲間がいない子が，多くの子がいる園出身の集団に入れなくて困っていたり，実はいつも兄姉の教室に行っていたり，親切で誘いに来てくれる6年生とばかり遊んでいて1年生の友だちができていなかったり，といったことはよくあります。休憩の後で，「1年生の友だちを誘った人！」と聞いて，「また誘ってあげてね」と声をかけましょう。

☑ 外で遊ぶときのために教えておくこと

必要なことを指導したら，いよいよ休憩時間の外遊び，解禁です。

１年生が外で遊ぶときには赤白帽を赤でかぶる，というルールにしておき，先生方や他学年にも知らせておくといいです。広い校庭のどこにいても「１年生があそこにいる」と先生方や上級生に見つけてもらいやすく，危ないことがないか，ひとりぼっちになってないか，気にかけ，学校全体で見守ってもらえます。もちろん熱中症予防にも役立ちます。

おにごっこも遊具遊びも，運動能力を高めるためにどんどんやらせたい遊びです。体育の学習で楽しんだ後に「休憩時間にもやっていいですよ」と声をかけましょう。

他に，草花や虫を観察することも勧めたい遊びです。これも，生活科の時間にみんなで楽しんでから，「もっとやりたい人は休憩時間に」と言いましょう。生活科の教科書にポケット図鑑のような冊子が付いていたら，引き出しの「お泊まりの部屋」に常駐させて休憩時間に使っていいことにすると，さらに楽しくなります。

休憩時間が終わったら，次の授業開始までに手洗い，トイレをすませ，席に着くよう根気よく指導します。間に合わなかった子を注意するより，間に合った子をみんなでほめ，どうしたら間に合ったのかインタビューし，いい方法をみんなで使うようにします。

☑ 教室で過ごすときのために教えておくこと

雨などで外に行けない場合の遊び方を掲示しておきましょう。すぐできそうなのは，教室にある本を読むこと，自由帳にお絵描きすることなどです。教室に本がなかったら，早急に学校図書館の担当の先生に相談しましょう。

学習が進むにつれ，算数の授業でやったおはじきやさいころ，数カードなどを使ったゲームもできるようになります。授業中に「もっとやりたい！」と言ったら，すかさず，「休憩時間にやっていいですよ」の殺し文句を。生活科，国語，図工などでも，できること

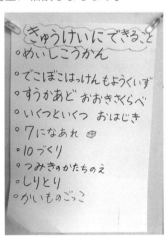

を見つけ，リストに書き加えていきます。

休憩時間に使っていい道具と，使ってはいけない道具は，はっきりさせておきましょう。算数の道具は楽しいし，親しませたいけれど，自由に遊ばせると，なくしたり片付けが間に合わなくなったりするので，使い方を学習して，道具袋に入れた物だけというようにルールを決め，「おもちゃではなく学習道具」と一線を引いておくことは大事です。片付けに時間がかかる物，授業で使うときに支障がありそうな物は使わせない方が安全です。

24 国語

これだけは押さえよう！

☑ 子どもたちの実態を把握しよう

　授業を考える上で欠かせないのは，子どもたちの力を把握することです。ひらがながどれくらい読めるのかは，国語のみならず，他教科の学習や日常生活にも影響が大きいので，しっかり確認しましょう。

☑ どんな力がつくか明確にしよう

　この単元でどんな力をつけたいのか，ねらいをさらに具体的な姿としてイメージします。子どもたちにもどんなことができるようになるか伝え，力がついたことをその都度，指摘して気付かせます。

☑ わくわくするゴールを設定しよう

　児童の実態と，つけたい力がはっきりしたら，それを結びつけるためのわくわくするゴールを考えましょう。遊び心をちょっぴり振りかけて楽しそうな味付けをするだけで，わくわくが増します。

☑ 子どもたちの実態を把握しよう

　まず把握したいのはひらがなの読みの力です。ひらがなの学習が一通り終わったら，ひらがなを指して読ませるチェックを１人ずつ，指す順を変えてやります。

　鳥取県米子市では，「Ｔ式ひらがな音読支援」を１年生に実施しています。鳥取大学・小枝研究室（小枝達也先生は現在，国立成育医療研究センター副院長・こころの診療部統括部長）で開発されたもので，音読確認を学期に１回行い，基準に達しなかった児童はアプリで読みの練習をします。「Ｔ式」はひらがなを一定時間にどれだけ読めるかを調べるので，ひらがなは読めるけどすらすら読めないというつまずきも含め，読みの支援が必要な子を客観的に見つけ出せ，助かっています。アプリによるトレーニングもたいへん効果を上げていて，保護者にも好評です。

　読むのが苦手な子，特に読字障害のある子の中には，読めないことを気にして，気付かれないように必死で覚えて読めるふりをしている子もいます。みんなが見ているところで１人ずつ大きな声で読ませるようなことはしないでください。また，緊張の強い子は「検査」と言うと固まってしまうこともあります。「ひらがな速読み大会〜！　イエーイ！　呼ばれたらこっちに来てね」と楽しそうに，そして苦手な子に心を配りながらやりましょう。

　読字の他に，書字，言葉の意味を理解しているか，なども把握しながら授業作りに取り組みましょう。

☑ どんな力がつくか明確にしよう

　一例です。物語を読んで，文章の中の言葉に着目しながら，登場人物の行動や様子を具体的に想像する力をつけさせたい，そのために，人物の様子を読み取り，声の大きさや速さなどの音読の工夫で表す活動を考えました。具体的にどんなことができるようになるでしょう。文章の中から手がかりとなる言葉を見つけ，話し合い，音読の工夫を考え，ゴールでは，その工夫を生かして，人物の様子が伝わる音読をし，家族から「様子がよくわかったよ！」と感心される…。そんな具体的なゴールの姿を学習計画図で子どもたちに伝えます。学習の過程で，イメージした姿が実現できるように，手立てを考え，子どもたちの音読に成長の片鱗が見られたら，すかさず「今，こんなことができていたよ！」と指摘し，力がついたことに気付かせます。

☑ わくわくするゴールを設定しよう

　動物の知恵について書かれた説明文を読んで，重要な語や文を選び出す力をつけさせるために，読み取ったことを表にまとめ，2種類の動物の共通点・相違点を比べ，話し合う言語活動をしようと考えた場合，そのままではわくわくしません。そこで，表を後で切り離してカードにし，カルタや神経衰弱ができるゲームカードに仕立てました。同じ内容の場合はどちらのカードも取れるので，違うところ，同じところを理解していると有利です。友だちと遊んだ後，家に持ち帰って家族と遊ぶことにしました。子どもたちは，家族と遊ぶためには，共通点と相違点を説明しないといけません。結果的に，ねらいの活動が楽しくできるというわけです。

　物語で登場人物が言ったことを内容ごとに抜き書きする活動を考えたときは，吹き出しの形のワークシートを漫画の形に進化させて，自分も登場する漫画の本を作るゴールにしました。子どもたちが大喜びしたのは言うまでもありません。

少しの工夫でわくわくが生まれます。

25 算数

これだけは押さえよう！

☑ 生活の中で実感の伴う理解を

抽象的な理解がまだ難しい1年生の算数は，観念的な数や量の理解だけではなく，生活に根ざし，具体的な数や量の実感を伴う理解が大切です。家庭にも協力してもらいましょう。

☑ アイテムで支援を

大きめのビーズをモールに10個通した10玉ビーズや，ブロックを乗せて操作するシートなど，ちょっとした工夫で，数の合成・分解や計算などが，苦手な子にも楽にできるようになります。

☑ 遊びを通して習熟を

数の合成・分解や計算は，理解しただけではなく，繰り返し練習して習熟を図ることが必要です。苦手な子が熱心に練習できるようにするためには，遊びの要素を取り入れることがポイントです。

☑生活の中で実感の伴う理解を

　たし算やひき算が，架空のお話ではなく，自分たちの日常生活で役立つものだということを実感させるために，導入の問題や練習問題に，給食のおかずとか，拾ってきたどんぐりだとか，下校コースの人数といった，子どもたちに身近な場面から設定した話を使ったり，実際の生活の中で子どもたちの会話から計算を見つけ出して式にしたりするよう心がけています。「先生，給食のお皿，今日は何枚残しますか？」「いつもは３枚でしょう。今日のお休みは何人？」「２人」「ということは？」「ええと，５枚」「式は？」「３＋２＝５！」「すごい！」こんな会話をするとき，子どもたちは得意そうです。

　長さ比べで紙テープを使って長さを比べる技を学んだときは，紙テープを持ち帰って家でも調べることを勧めたり，ALTの先生を見て誰かが「背が高いなあ」とつぶやいたら，すぐお願いしてテープで身長を測り取り，壁に貼っておいて，他の先生のと比べてみたりしました。

　家庭にも，ブロック代わりにお菓子を並べて計算し，終わったら楽しく食べたり，夕食のお手伝いで同じ数ずつお皿に配ったり，といった経験をたくさんさせて，とお願いしています。もう１つ，家庭で協力してほしいのは，時計です。時計を読むのが苦手な子に聞くと，家でよく見る時計がデジタルだという子が多いです。できればアナログの時計を，と通信で伝えています。

☑ アイテムで支援を

繰り上がりのあるたし算・繰り下がりのあるひき算は，1年生の算数の大きな山場です。10のかたまりに着目して計算する方法に気付く学習は，工夫して問題を解くことのよさを1年生が実感する重要な場面です。でも，授業で理解しても，そのやり方を使って確実に計算問題を解くのはまた別の話で，特にひき算は，たし算とごっちゃになりやすく，混乱しがちです。苦手な子のために，ブロックを乗せて操作するシートを学年の先生たちと開発しました。

B5サイズでラミネートし，算数の道具の鉄のボードに乗せて使います。すいすい計算でき，シートなしでもできるようになります。道具で負荷を減らしましょう。

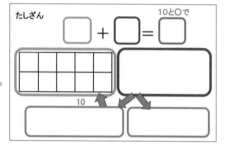

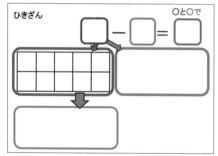

作　上根　香織

☑ 遊びを通して習熟を

教科書に紹介されている数や計算のゲームは，休憩時間の遊びや，課題が早く終わったときの学習として勧め，家でもできそうなものは通信で紹介しましょう。

　教科書に28円のお金の出し方を考える問題があり，1年生たちはいろいろな考え方があること，よりわかりやすい出し方があることに気付き，盛り上がりました。数の感覚を豊かにし，算数が生活に生かせることを実感できるよう，発展としてお店屋さんごっこをしました。「お買い物スターターキット」で「財布，品物，お金」を作り，交代でお店の人・お客さんになります。お金がなくなったら品物を作って売ればいいこと，値段が安いとよく売れるけど，儲からないことなど，1年生たちはいろいろ発見しながら大喜びで遊びました。家でもできるよう，活動を紹介した通信の裏に「スターターキット」を印刷しました。

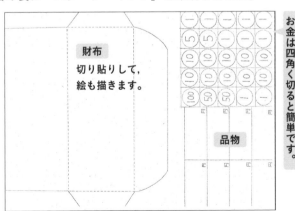

財布
切り貼りして，
絵も描きます。

お金は四角く切ると簡単です。

品物

26 生活科

これだけは押さえよう！

☑ わくわくの工夫　学校探検

　生活科は最大限わくわくさせたいと思います。入学して間もない頃は思うように字が書けないこともあって，できることが限られますが，工夫してわくわく要素を少しでも高めましょう。

☑ わくわくの工夫　種当てクイズ

　いろいろな花の種を観察する，というだけの活動でも，クイズ仕立てにするといったちょっとした工夫で，大興奮の一大イベントに変わります。観察しようとする意欲も高まります。

☑ わくわくの工夫　どんぐりサーカス

　秋を見つけに出かけるだけでも楽しいですが，お誘いの電報や「どんぐりサーカス団」などの仕掛けで，わくわく感と「やってみたい！」という気持ちをさらに盛り上げることができます。

☑ わくわくの工夫　学校探検

学校探検は3回重ねてやっています。

1回目は2年生のペアに案内してもらいます。このペアは「1・2（ワン・ツー）ペア」と名付け，年間を通していろいろな場面で交流しています。

2回目は1年生だけで，校舎をいくつかのブロックに分け，もう1回行きたい所の希望を聞きながら探検隊を作って，担当したブロックだけ探検します。わくわく感を高めるため，自分たちで隊の名前を決め，おそろいのマークを描いた「探検ウォッチ」を手にはめます。この「ウォッチ」には探検のきまりが印刷してあります。

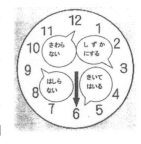

3回目は各探検隊から1〜2名ずつ集めた新しい隊で校舎全体を探検します。ブロックごとに，2回目の探検で担当した人が先頭に立って案内をします。

全員が先頭になれるのも，わくわくポイントです。

☑ わくわくの工夫　種当てクイズ

みんなでアサガオの種を蒔き，世話をしています。好きな花の種を選んで育てる実践も試しましたが，花によって世話の仕方や育ち方が違いすぎて，難しい点が多々ありました。アサガオは育ちが早く，失敗も少なく，栽培の喜びも楽しみも多く，1年生の栽培体験には最適だと思います。

でも，他の花にも関心をもってほしいので，種を観察したり，学年の花壇で育ててみんなで見たりしています。

種の観察を，クイズ仕立てにするとわくわくします。生活科の教科書に載っている花の種を種類別にデザートカップに入れ，切ったポリ袋で蓋をしたものに番号を付け，子どもたちの机を合わせて作ったコーナーに1つずつ置きます。黒板に花の名前と写真を貼り，「～の種はどれでしょう」と1つずつ聞いていきます。子どもたちは教科書を食い入るように見ながら，机に置かれた種を真剣に見て回ります。わかった人は壁際に行き，「○番だと思う人！」で手を挙げて答えます。「正解は…」と，花の写真を種の所に置くと，「やったああ！」「ええっ！」と大騒ぎです。

最後に，気に入った種を選び，気付いたことを絵や文でカードに記録します。クイズ効果で，いつも以上によく観察しています。

☑ わくわくの工夫　どんぐりサーカス

秋，スズメから秋見つけのお誘いの電報が届きます。国語の物語「サラダでげんき」に出てくる「電報」を子どもたちに教える意図もあります。「電報」は手作りで，誰かに「電報が来ましたよ」と教室に届けてもらいます。さりげなく，スズメの足跡も付けています（消しゴムにボールペンで描いて押すといい感じに…）。

秋見つけ前日には，「どんぐりサーカス団」（正体は小1担任たち）がやって来て，「どんぐりごま逆さ回し」「どんぐりごま下敷き渡し」「フウの実やじろべえ鉛筆回し」などのすごい技を披露します。1年生，大興奮です。

拾った木の実を持ち帰ると，自分でこまなどを作り，こつを伝え合い練習します。サーカス団員になると，どんぐりバッジを作って胸に着けることができます。最後は，年長さんたちを招いて技を見せたり手作りのお土産を贈ったりします。いろんな仕掛けでわくわくを盛り上げています。

米子市立渡江小学校
1年生のみなさんへ

10月20日（すいよう日）
こだいのおかこうえんに　おいで
すてきな　あきが　見つかる
たのしいことが　いっぱいだよ

こだいのおかこうえん
すずめ

27 音楽・図工

これだけは押さえよう！

☑ 音楽は楽しいと思ってほしい

　1年生の音楽は，教師が笑顔で子どもたちと音楽を楽しむことが何より大切です。1年生が「音楽って楽しいな。歌うのも鳴らすのも聴くのも楽しいな。もっとやりたいな」と思ってくれたら大成功です。

☑ 図工の時間の言葉あれこれ

　入学したてのときは特に，固まって絵を描こうとしない子もいます。寄り添って優しく声をかけましょう。「失敗」と思わせないよう，先手を打って，ポイントや心構えを伝えておきましょう。

☑ 材料を上手に使い回す

　保護者に集めてもらった材料も，買った材料も，上手に使い回して，節約に努めましょう。集めてもらうときは早めの予告が鉄則です。家庭の事情で用意できない子への手立ても忘れずに。

☑ 音楽は楽しいと思ってほしい

　「１年生の音楽って，ピアノが得意じゃないとできない
でしょ，苦手なんですよ」と言われたことが何度かありま
すが，大丈夫！　実は私，残念ながら弾けません。もちろ
ん，弾けた方ができることが増えて，授業の楽しさが膨ら
むと思いますが，指１本でCDポン，で楽しい授業は可能
です。弾けないからと小１担任を敬遠したり，弾かなきゃ
と無理して練習に時間を割いたりする必要はないです。必
死でオルガンにかじりついて，子どもたちを見る余裕がな
くなるくらいなら，一緒にCDの伴奏で楽しく歌いましょ
う。先生自らが「歌って楽しいなあ！　手を叩いて楽しい
なあ！」と感じ，子どもたちと共有することが大事です。

　怒鳴るように歌っている子どもたちに「ねえ，この歌っ
て，どんな声が合うと思う？　優しい声？　どうして？
なるほど。じゃあ，そんな声で歌ってみようか」と語りか
けた後のふわっと変わった歌声に，何度か練習しているう
ちにリズムを打つ手が音楽にぴたっと合ってみんながはっ
と目を合わせた瞬間に，「きれい！」「すごい！」とすかさ
ず声をかける，それは，ピアノが弾けない私にもできます。

　ときどき，コンサートをしています。音楽の時間に学習
した曲なら，歌でも楽器でも，１人でも数人でも希望者は
エントリーできます。黒板にプログラムを書き，「ただ今
より，春の１年２組コンサートを行います。プログラム１
番『ひらいたひらいた』演奏は…」楽しいですよ。

☑ 図工の時間の言葉あれこれ

　描こうとしない子には優しく寄り添って声をかけます。「どの色が好き？　青，いいね，先生も好き」とクレパスをそっと持たせるだけで呪縛が解ける場合もあります。

　「失敗した」とすぐ言う子がいます。事前に，自分が子どものときに間違えて描いてしまったけど，あきらめずに上から描き加えていたらみんなも自分もびっくりするようなすごい作品ができたという体験談を話しています。「だから，失敗したと思っても，気にせずそのまま描いてみてね。いい絵になりますよ。それでもやっぱりだめなら，裏に描きましょう。それでもだめなら，言いに来てね」と言っておくだけで，子どもたちは気が楽になります。

　描いてから「もっと塗ろうね」と言うより，いくつか例を作って事前に見せ，「こうした方がいいな」と気付かせる方が効果的です。お手本の作品は見せてもすぐしまうこと。そればかり見て，自分の心と向き合わなくなります。

　「絵なら，乗れない物に乗れるし，行けるはずのない場所にも行けます。描いたり見たりするとそんな世界に行っている気持ちになれます。魔法みたいでしょ。見たことがない物も描いてごらん。魔法を使わなきゃもったいない！」ということや，「アニメやゲームのキャラクターは，それを描いた人が一所懸命考えた大事な作品だから，休憩時間に自由帳に描くのはいいけど，図工の時間は，まねになるから描かないんですよ」ということも伝えましょう。

☑ 材料を上手に使い回す

　保護者にとって，材料を集めるのは手間のかかることですし，1年生は何かと出費が多いので，材料費もなるべく抑えたいです。材料は，上手に使い回しましょう。

　算数の形の学習で，箱や缶を積み木のように使って動物や乗り物の形を作る活動があり，保護者に予めお願いして箱や缶を用意してもらいました。せっかく集めてもらい，1年生が苦労して持ってきたのに，それだけではもったいない！　箱をいっぱい並べたり積んだりする図工の造形遊びにも使うことにしました。さらに，箱を1個残しておいて，別の図工の時間にのり付け部分を剥がして1枚の紙にし，四角ではない形の紙に絵を描く学習に使いました。

　絵の具で色水を作る造形遊びのときは，水やり用ペットボトルを利用し，さらに透明なプラスチックのカップと，気に入った色水を入れて飾るために小さなたれびんを買いました。プラスチックカップはきれいに洗って，紙皿と組み合わせ，ころころ転がるおもちゃの工作の材料として使い，たれびんは水彩絵の具のセットに入れておき，絵の具を水で薄めるときの秘密兵器として活用しています。

　工作でキラキラのテープや色画用紙，セロハンなど，素材の切れ端が出たら，「自分はいらなくても，誰か使うかも，と思ったら入れておいてね」とみんなで箱に集めておきます。その時間にも使えますが，別の工作のときに出すと，ごみになりそうだった物がお宝に変わります。

28 体育・道徳

これだけは押さえよう！

☑ 怖くない水泳のポイント

水泳が好きな子も多いですが，水が苦手で行き渋りが始まる1年生も少なくありません。「怖い」と思っている子も夢中で遊んでいるうちにいつの間にか水に慣れていた，という水遊びを目指しましょう。

☑ 体育にもわくわくする仕掛けを

体育は好き，運動するだけで楽しい，という子は多いですが，苦手な子だっています。できれば体育にも楽しい仕掛けを足して，苦手な子もわくわくさせましょう。

☑ 実感できる道徳を

1年生の道徳は，他人事のように「〜はうれしかったと思います」「親切は大事」などと話すだけでなく，人物に心を重ね，「ああ，うれしい！」「その気持ち，わかる！」としっかり共感させましょう。

☑ 怖くない水泳のポイント

私は小学生のとき，体育で5段階の1の評価をもらったことがあります（低い方が1です。念のため）。どの運動も本当に苦手でしたが，特に水泳は怖くてだめでした。大学で，泳げないと単位をやらんぞと言われ，県の水泳教室に行ったら，怖くなくて，泳げるようになりました。学校の水泳と何が違うのだろう，と考えて，見つけました。「水が温かい」「浅い」「プレッシャーの少なさ」です。

水が深い，冷たい，というだけですくんでしまいます。特に最初は，浅くしたり，水温・気温の条件がよいときを選んだりして，「次も入りたいな」と思わせましょう。

「プレッシャー」は，「次はこの運動をやらねば！」という緊張感です。「がんばって！」とみんなに見守られるのもすごく嫌でした。「水を掛け合って！　がんばれ！」だと「やだな」と思った子が，「水をべちべち叩くよ。メダカのべちべち。10回！（略）次はシャチ！　シロナガスクジラ！　次はタコさん。回転しながらべちべち8回！最後はイカ！　高速10回！」だと，きゃあきゃあやっています。遊んでいるうちに自然といろんなことができるように仕掛けたいです。台を組み合わせた滑り台，輪くぐり，ビート板などのコーナーを回る「遊園地」も大人気です。

☑ 体育にもわくわくする仕掛けを

　　冬が近づいてきた頃の１年生の体育の時間，指示をして
いた担任が突然口をつぐみ，１年生に「しっ」と合図し，
緊迫した表情で体育館の扉の方を見やり，「今，影が…」
とつぶやきます。別の担任が緊張した面持ちでうなずき，
足早に扉の方に向かいます。そっと扉の外に出て，首をか
しげながら，何やら風呂敷包みを手に戻ってきます。中に
は，「忍者学校の校長先生」からの巻物と，「忍者学校の秘
伝書」が…。廊下を静かに歩けるようになった，見所のあ
る１年生たちに，さらに修行に励むようにと届けられたよ
うです。「秘伝書」には「川とびあそび」「ケンパーとびあ

そび」「ゴムとびあそび」「マットあ
そび」など様々な技が紹介されてい
ます。さっそく，包みに入っていた
会場図を見ながら準備をし，１年生
たちは，サーキット形式の修行に夢
中になるのでした。**体育にもぜひ，**
楽しい仕掛けを。

128

☑ 実感できる道徳を

道徳的価値についてどんなに深く語り合っても，そこに実感が結びついていなければ，心は育ちません。

そこで，「吹き出しペープサート」を作りました。これを持っているときは，「おおかみは，『うれしい』と思ったと思います」ではなく，「わあ，うれしい！」と，吹き出しの中に浮かんでいる言葉をそのまま言うというお約束にしています。発言したい人は全員立ち，話したらペープサートを次の人に手渡しします。最初は「と思ったと思います」と言いたがる子もいますが，そのうち慣れます。

もっと価値に迫る気付きを引き出したいというときは，インタビューを。教師がインタビュアーになって，ぐいぐい質問します。「おおかみさん，うれしそうですね。どうしたんですか？」「親切にしたら，うさぎさんにありがとうって言われました。」「すごい！ でも，さっきは，いばって気分がいいって言ってましたよね」「それより，優しくした方が，なんか，うれしかった」「どうして？」「うさぎさんが，喜んでくれたから」「自分だけうれしいより，相手も自分もうれしい方がいいということですね？ なるほど。今後は？」「親切にしたいです」「うさぎさん，今のおおかみさんをどう思います？」「優しくて好きです」「おおかみさん！ 聞きました？」（おおかみデレデレ…）

29 遠足

これだけは押さえよう！

☑ 帽子で迷子防止

　春先の全校遠足は，1年生にとってわけのわからないことだらけ。迷子になることが予想されます。自分の班や下校の仕方を覚えさせるより，帽子でわかるようにしておいてみんなで助けましょう。

☑ 学年遠足の事前指導

　異学年と一緒の遠足は上級生がいろいろ教えてくれますが，1年生だけで校外学習をする場合は，しっかり事前指導をしておく必要があります。イメージしやすいよう，絵や写真を使いましょう。

☑ 指導の書

　1年生だけの遠足は，1年生にも周囲にも気を配り，時間も気にして，担任はたいへんです。便利な「指導の書」を持って行きましょう。外でも視覚的な支援ができ，お互いに楽になります。

☑ 帽子で迷子防止

　遠足も学校によって事情が大きく異なると思いますが，私の勤務してきた学校では，4〜5月にオリエンテーリング形式で全校遠足を行うのが一般的です。1〜6年生の縦割り班で，クイズやゲームに挑戦しながら近くの公園などに歩いて行き，班の親交を深めます。やっと学級の仲間や教室に慣れてきたばかりの1年生が，学級ではなく縦割り班で，学校を出て外で活動するのですから，迷子になることが予想されます。しかも，帰りは現地から登校班での下校で，中には自宅ではなく祖母宅に帰る子，学童保育に行く子，さらには，いつもは学童保育を利用するのにこの日だけ兄姉と一緒に登校班で帰る子までいて，非常に煩雑で，ますます迷子になりそうです。

　そういった迷子の心配を，帽子で一気に解決！　1年生は赤白帽の赤，2年生もちょっと心配なので白を被ることにしておき，帽子に養生テープを貼ります。テープの色で縦割り班の赤組，青組などの色を表し，縦割り班の番号と，下校情報を書いておけば，誰でも迷える1年生を助けることができます。

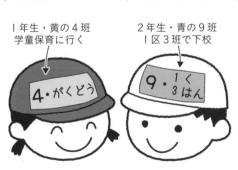

1年生・黄の4班
学童保育に行く

4・がくどう

2年生・青の9班
1区3班で下校

9・1く3はん

☑ 学年遠足の事前指導

どこでどんなことをするのかわかっていない１年生に，注意事項だけ話しても，ぴんときません。経験の少ない１年生は，話だけではイメージしにくいので，去年の同じ活動の写真や，下見に行ったときの写真などを見せながら，当日の流れや活動の目的などを具体的に伝えます。

次に，行き帰りも含めて，気を付けなければならないことを説明します。これも，絵や写真を使ってわかりやすく，印象に残りやすく指導しましょう。

☑ 指導の書

　事前指導に使った絵などをコピーして本のように貼り合わせた「指導の書」を作っておき，当日は教師1人1人が持って行きましょう。場面に応じて，必要なページを開いて掲げることで，大声を出さなくても注意喚起ができます。

表紙に当日の計画を貼っておくとさらに便利です。バスに乗って行く場合には，きまりを1枚のプリントにして持たせると，乗っている時間を利用して，1年生も次の注意事項を確かめることができます。

30 運動会

これだけは押さえよう！

☑ 1年生の負担を極力減らす

　運動会を楽しみにしている子は多いですが，一方で，練習の日々にストレスをためている子も少なからずいることを意識し，覚えることを減らすなど，負荷を減らすよう工夫しましょう。

☑ グッズの工夫

　持ち物を入れる袋を道具袋にするだけでストレスが減らせます。表現運動のグッズは，動きを生かす物を選びましょう。学習発表会などに使い回すのも，ありです。

☑「うちの子，どこ？」

　保護者は我が子の姿を見よう，写真に収めようと必死です。探しているうちに終わってしまわないよう，グッズが手がかりになるようにしたり，予め通信で位置を伝えたりしましょう。

☑ 1年生の負担を極力減らす

運動会とその練習は，1年生にはかなり負荷が多い行事です。暑さ，並ぶ，じっと待つ，同じことの繰り返し，いつもと違う日程，急な予定変更，長時間の集中，大声での指導や注意，大音響，集団での活動…これらのいくつかを，あるいは全部を苦痛と感じる子は少なくないのです。練習で限界が来て，いらいらしたり行き渋りが始まったりしやすくなります。1年生用の予定表を掲示する，覚えることを減らすなど，1年生の負担を減らしましょう。

表現運動では，かっこいい動きをさせたくなりますが，難しい動きができなくてばらばらになるより，単純な動き，単純な繰り返しでビシッとそろえた方が見栄えがして，練習もダメ出しも減らせます。「違う！　右って言ったでしょっ！」と怒鳴るより，右と左で手袋やポンポンの色を変えたり，片方だけ着けたりすれば簡単に動きがそろいます。

開会式，徒競走，表現運動…と，複数の並び順を覚える必要があれば，例えば開会式の列を徒競走の並び順をベースにして決めるなど，できるだけ同じ並び方でできるように工夫し，覚えることを減らします。

応援合戦のために6年生が張り切って歌やダンスや言葉をたくさん考え，教えてくれることもあります。「とにかく簡単にした方が，1年生は覚えやすく，自信をもって大声を出すから，結果的に有利ですよ」ということを，できれば事前に応援団の子たちに伝えておきましょう。

☑ グッズの工夫

コロナで運動会のやり方に変化があったので今後もどうかわかりませんが，校庭に椅子を持ち出し，水筒や表現運動のグッズなどを持たせる場合，よく，レジ袋に荷物を入れて椅子に結びつけていました。レジ袋は，１年生にはまず結びつけるのが難しく，いったん結んだのをほどくのもたいへんで，「先生，ほどけません…」「破れました…」と苦労の種でした。これは，道具袋を使うことで解決できます。いつもはクレパスやはさみなどを入れて机の横に掛けている道具袋に必要な物を入れ，小さいＳ字フックで持ち手と持ち手を椅子の背を挟んで引っかけると，簡単に掛けられます（Ｓ字フックは，ワイヤーネット，丸環ねじ，はしごロープなどと組み合わせて，他にも何かと便利に使えます）。

表現運動のグッズは手袋，リストバンド，旗，ポンポン，といろいろですが，手を叩く音を生かすならリストバンド，指さし，手を広げるなど手の動きを生かすなら手袋というように，動きを生かす物を選ぶと効果的です。学習発表会で手袋やバンダナを使おうと計画して，採用してもらうこともあります。左右に変化を付ける場合は１・２ペアで１組を分け合ったり，片方は練習用にしたりします。

☑「うちの子，どこ？」

　保護者にとって，運動会は我が子のがんばる姿をしっかり見たい大切な行事です。でも，人数が多いと，「うちの子，どこ？」とカメラ片手に探しているうちに出番が終わってしまった，ということになりかねません。探しやすいように最大限こちらも工夫しましょう。

　徒競走などは並び順を一覧表にして通信に載せています。表現運動の場合，私の学校では1・2年が一緒に，4つの色別の組に分かれてやるので，首に巻くバンド（暑い時期は保冷剤入りがお勧め）で学年を表し，旗で組の色を表すなど，見つけやすいようにしています。さらに，並び順や隊形移動後の位置なども図でくわしく伝えるよう心がけています。

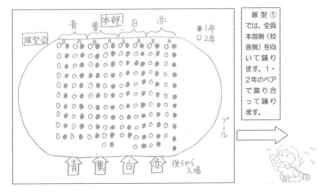

31 学習発表会

これだけは押さえよう！

☑ 作品を選ぶポイント

　劇をやる場合，練習に子どもたちの貴重な時間と労力を使うので，「おもしろそう」「人数がちょうどいい」などの理由だけで作品を選ぶのはもったいないです。時間をかけるだけの意味のある作品を。

☑ 演出の工夫

　１年生たちにがんばってほしいことは，よい姿勢で，ゆっくりはっきり，声を響かせて，間をきちんと開けて，気持ちを込めて，せりふを言うこと。後は大人が工夫して，すてきな作品に仕上げましょう。

☑ なるべくみんな出ずっぱりで

　人数が多いと，１人分のせりふはちょっぴりです。舞台に登場して，せりふを言って退場すると，あっという間です。そこで，みんな出ずっぱりにする工夫をしています。

☑ 作品を選ぶポイント

劇をやる場合，お勧めは国語の教科書の物語を使うこと。繰り返し練習するので，子どもたちは，自分以外のせりふもよく覚えます。教科書の物語なら，覚えれば授業の読み取りでも力になり，好都合です。その場合，なるべく元の作品の文章はそのまま丸ごと使うこと，付け足すときは作品の世界や文体を壊さないようにすることが大事です。よく2年生で，かけ算九九をテーマにした劇をやりますが，これも一石二鳥のいい作戦です。

生活科の活動を劇仕立てにする，教科書には関係なく脚本を探す，などの場合，ただおもしろおかしい作品ではなく，テーマがしっかりしている作品にしてほしいです。道徳に劇を取り入れた授業作りに取り組んだことがありますが，いつも授業の後，子どもたちが授業で扱ったよい行いを実行していることに気付きました。私自身，趣味で演劇をしていますが，自分の演じている人物の言動に実生活で影響を受けていると感じたり，日常生活で他の人のせりふが口をついて出たりすることがあります。劇には，力があります。子どもたちの心身に染み込んだせりふが，いつか子どもたちに希望や勇気を与えるような，そんな劇のために，子どもたちの大切な時間を使ってほしいと思います。

悪役が必要な場合，その人物の存在で物語が成り立っていること，難しく重要な役であること，その人物にも共感できる点があることなどを，話し合っておきます。

☑ 演出の工夫

　「サラダでげんき」という物語を劇にしたときは、「りっちゃん」のせりふを何人分にも切るので、普通にりっちゃんに扮してせりふを言うと、りっちゃんが何人も並んでいたり、めまぐるしく交代したりしてあまりかっこよくないです。そこで、段ボールに絵を描いて切り抜き、大きな人形を作りました。人形劇という形でやれば、同じ人物のせりふを言う子が何人いても、人形を手渡せばいいのだから問題ありません。衣装もいりません。この作品では、どんなにせりふを小分けにしても足りなかったので、栄養職員の先生と作品に出てくる食品が栄養学の見地から解説するせりふを加えました。背景に巨大な皿をつるし、登場した食材をどんどん付けていき、人物の人形も出番が終われば背景に掛けていって賑やかになるという演出です。

　「おとうとねずみチロ」では、舞台右側に配した小鳥役が地の文を言い、そちらに観客の視線が集まっている間に左側でチロが交代したり、テーブルクロスを広げるとラストシーンの丘が描かれていて一瞬で場面転換し、せりふを言う子も布に隠れて交代したりといった仕掛けを使いました。「花さかじいさん」では、殿様行列を模して子どもたちが舞台から客席に歩いて行き、舞台で「そうれ、咲け！」と連呼している間に客席の子どもたちがこっそりしゃがんで運動会で使ったピンクの手袋をはめ、「ぱっ！」と立ち上がって客席いっぱいに花を咲かせました。大成功！

☑ なるべくみんな出ずっぱりで

　人数が多いと，１人分のせりふは本当に少しずつなので，出番以外は幕の袖に隠れるという形にすると，保護者は物足りなく感じてしまいます。そこで，最初から最後まで，全員が姿を見せるように工夫しています。

　ひな壇を舞台の下や舞台の奥に置き，出番以外はそこにずっと座っているのです。このやり方は，練習しながら舞台袖の子たちに「静かに！」と指導しなくてもいいというよさもあります。ただ座るのではなく，効果音を声で出したり，繰り返しのせりふをみんなで言ったり，場面転換で歌ったりすると，活躍の場も増えます。「おとうとねずみチロ」では，チロの言葉が繰り返し響いて遠くへ飛んでいく場面で，客席に２人，１人，１年生を忍ばせ，上手側ひな壇，下手側ひな壇，上手側客席中程の２人，下手側客席奥の１人の順でせりふを繰り返して表現しました。

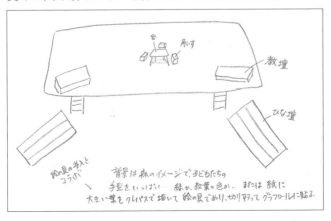

32 「友だちに〜されたと言ってますけど…」と言われたとき

これだけは押さえよう！

☑ まず，寄り添う言葉を

「うちの子が〜されたと言っている」と言われたら，寄り添う気持ちで聞くこと。こっちも不安なので，つい防御の構えをとりたくなりますが，敵ではなく共に問題を解決する味方だと感じてもらいましょう。

☑ 自分で先生に言う練習をお勧め

翌日，子どもに話を聞かせてもらう場合，その子から先生に相談する練習ができると，また何か困ったとき，今度は言いやすくなるかもしれません。可能なら，保護者に協力をお願いしてみましょう。

☑ 子どもたちにも寄り添って聞く

トラブルはない方がいいですが，誠実に対応して，子どもたちにも保護者にも，信頼を深めてもらえるチャンスにすることができれば，この苦しい経験は，みんなにとってプラスのできごとに変わります。

☑ まず，寄り添う言葉を

　「うちの子が，友だちに〜されたと言ってますけど」と言われたら，動揺しますよね。「そんなの聞いてない」という場合が多いですし，「いや，お宅のお子さんの方こそ，いろいろやってますけど」と言いたくなるケースもあるでしょう。でも，保護者の方は，大事な我が子がひどいことをされて，不安や怒りや不信感でいっぱいになっているわけです。まず言うべきは，弁明でも反論でもなく，「ああ，それは悲しかったですね。気付かなくて申し訳なかったです」や「知らせてくださって助かります。ありがとうございます」などの寄り添う言葉だと思います。

　事情を実は知っていた場合は，知らせなかったことを謝って，きちんと状況や指導したことを説明します。知らなかった場合，一方の子の言い分だけ聞いてとやかく言うのは危険です。その子の勘違いもあるかもしれないし，子どもは自分のよくない言動については控えめな言い方で，ときには全く触れないで話すことがあります。場合によっては，自分が被害を受けたという話をすると，おうちの人が親身になってくれると察して，ネガティブな話ばかりしているケースもあります。「明日，さっそくお子さんと，相手の子に話を聞きます」と約束しましょう。もちろん，保護者に「お宅のお子さんが言っていることが間違っているかもしれないから」なんてことは言ってはいけません。

　すぐに，管理職や生徒指導担当者に第一報を。

☑ 自分で先生に言う練習をお勧め

　もし，言えそうなら，保護者にこんなお願いをしてみましょう。

「1つ，お力を貸していただきたいことがあります。明日，お子さんに話を聞かせてもらいますが，そのときに，できれば，『お母さんから聞いたよ』ではなくて，○○さんから私に言ってもらう形にしたいのです。今は，こうやっておうちの人に言ってくれるけど，数年後，10年後，思春期になったとき，もし理不尽なことがあったとして，おうちの人には言いたくない，という時期もあると思います。そのときに，相手に直接『やめて』ときっぱり伝えて解決できれば一番いいですが，それでだめだった場合，1人で抱え込まないで，然るべき大人に相談してほしいです。そういう力をつけておくために，今回，『先生に自分で言ったらうまくいった』ということを経験しておくと，先々，○○さんを守ることになると思うんです。どうでしょう，○○さんに，『明日，先生に言ってごらん』と勧めてみていただけませんか。難しそうなら，おうちの人を先生役にして，言う練習をすると言いやすいかもしれません。それでも明日言いにくそうなら，私の方から，『何か言いたいことがあるんじゃない？』と声をかけてみます」

　次の日は，その子が話しやすい雰囲気を作るように心配りをしましょう。

☑ 子どもたちにも寄り添って聞く

翌日は，どんなに忙しくても絶対に話を聞きます。まずは，「話してくれてありがとう」と伝えます。もし，また困ったことがあったときに，「先生に言おう！」と思ってもらえるように，しっかり寄り添って聞きましょう。相手の子にも話を聞きます。どちらの子にも「きっと，この子も何かやったんじゃないか」とか「また，こんなことをして」といった先入観をもたないで，誠実に聞き取りましょう。場合によっては，そばで見ていた子たちに話を聞くこともあります。ただ，一緒にいた子たちが口々に「〇〇さんが～した！」と言うので，そうかと思ったら，よくよく聞いてみると，実際には見ていなくて，誰かが「〇〇さんが～したんじゃない？」と言ったのを，「した」と思い込んでいたという事例もあります。思い込みや勘違いも１年生には多いので，こちらも思い込まないように気を付けましょう。できれば，教師がお説教するのではなく，子ども自身が気付いて「～してごめんなさい」と伝えたり，「～されて嫌だったよ。謝って」と言ったりして解決できるように助け，できたことをほめましょう。

どちらの保護者にも報告をし，子どもが自分で言えたことや，正直に認めたこと，どうしたらいいか考えられたことなど，がんばったことを伝えます。最初に連絡をしてくれた保護者には，子どもから言うように計らってもらった場合はそれも含め，改めてお礼を言いましょう。

33 「うちの子，言うことを聞かなくて…」と言われたとき

これだけは押さえよう！

☑ 学校ではいい子なのに

　学校ではきまりを守り，学習に意欲的で，人に親切，という「よい子」は，家では全く違う，ということが多いです。大丈夫です。反抗して困るという場合は，大人が対応を変えることが鍵です。

☑ きょうだいげんかで悩む保護者に

　「家では言うことを聞かない…」の悩みの中に，きょうだいげんかの問題が入っていることもよくあります。大人の対応の仕方で防げることも多いので話を聞いてみましょう。

☑ 家族会議の勧め

　片付け，宿題，手伝い，メディアコントロールなど，いつも同じことで保護者の方が困っている場合は，家族会議を勧めてみましょう。大人と子どもが対等に，冷静に話し合えます。

☑ 学校ではいい子なのに

　学校で「よい子」でがんばっている様子を伝えると，ほとんどの保護者から「家では全く違います」という言葉が返ってきます。これはもっともなことで，やる気や我慢する心，道徳的な心は，使うと減ってしまうのだそうです。「学校でがんばって心のエネルギーを使って，家で甘えてエネルギーをためておられるのでしょうね。というより，家でありのままを受け止めてもらって，たっぷりエネルギーがたまるから，学校でこんなにがんばっておられるのでしょうね」と話すと，安心されます。

　「でも，家では全然言うことを聞かなくて困ります。反抗期でしょうか」などと悩まれる場合は，どんな場面でどんなやりとりが繰り広げられるのか聞いてみましょう。子どもが「わかっちゃいるけど…」と思っていることを，大人が心配してうるさく言ってしまっていて，「反抗」ではなく「反抗させている」様子が伝わってくることが多いです。「『ええっ，知らなかった。教えてくれてありがとう』と思うわけではないことを言われると，大人だっていらっとしますよね。そういうときは，お互いに冷静なときに，どうしたらいいか，話し合うといいですよ。なるべく，大人が話すのではなく，『どう思う？』と聞いて，話させてあげてください。たいてい，こっちが言いたいことはわかっています。『よく考えているね。じゃ，任せていい？』と返せばいいです」と伝えてみましょう。

☑ きょうだいげんかで悩む保護者に

きょうだいげんかで悩む保護者に伝えたいポイントです。

上の子は，親の愛情を独り占めしていたのが，下の子の登場で2分の1や3分の1になっているので，工夫しないと弟妹をどうしてもライバルや敵と感じてしまいがちです。そこを念頭に置いて，上の子の面子をつぶさないようにします。下の子がまだ赤ちゃんの場合は，「ほら，お兄ちゃんが帰ってきたらうれしそう」などと「下の子は上の子が大好き」ということを大人が伝えるとうまくいきます。

以下は，とっておきの秘策です。

・上の子を注意するときは，絶対に下の子が見ていないところでそっと伝える。

・きょうだいげんかの際に「お兄ちゃんでしょ」「お姉ちゃんなんだから」と頭ごなしに言わないで，いっしょに作戦を考える。例えば，下の子が上の子の物を取ってけんかになった場合は，上の子に「あなたに憧れているんだよ」と教えて，貸してもいい物を持ってきて見せびらかす作戦を教え，うまくいったらこっそり上の子に「グッジョブ！」の目配せを。

・下の子をほめるときは「お手本を見せてくれたから」「たくさん一緒に遊んでくれたから」など，上の子の手柄にして，必ずセットで上の子もほめる。

☑ 家族会議の勧め

保護者がいつも同じことで困っているときに勧めたいのが、家族会議です。アドラー心理学で教わりました。

議題と日時を家族全員に予告しておき、学級会のようにきちんと議長も決めて話し合います。大人も手を挙げて、議長役に指名されないと意見が言えません。家族会議の形で話し合うと、大人がいつもどれだけ一方的に意見を言っていたか気付かされます。子どもにも同じように発言の機会ができると、子どもが思いもよらぬ意見を出してくれ、予想以上に考えているのだなあと驚かされることがよくあります。なるべく子どもの意見を採用するようにすると、子どものやる気が違いますし、「自分の言うことに大人が耳を傾けてくれた」といううれしさから自信や大人への信頼感が生まれます。

決めたことができなかった場合のことも、何回まで声をかけるかなど、具体的に決めておくと安心です。決まったら、お試し期間を設定してやってみて、次の家族会議で振り返ります。うまくいっていれば大成功ですが、うまくいかなかったとしても、がっかりする必要はありません。「このやり方は私たちには合わなかったのね」と受け止めて次の方法を話し合えばいいのです。

議題は、困っていることだけでなく、「今度のお休みにやりたいこと」などの楽しいことと2本立てにすると、「会議っていいなあ」と感じられ、うまくいきます。

34 トラブル予防

これだけは押さえよう！

☑ よくあることは先んじて伝えておく

　1年生を連続で担任してみて，毎年同じようなトラブルや苦情があることに気付きました。よくあることは事前に対処の仕方を伝えておくと，お互い安心です。後手後手ではなく，先手必勝で。

☑ 来年，あの子と違うクラスに①

　クラス替えを前に「あの子と違うクラスにして」と言われてから個々に対応するのはたいへんです。そういう要望には応えられないことを早めにきちんと伝えておいた方が安心です。

☑ 来年，あの子と違うクラスに②

　「今，この子のために」と考えたことが「将来のこの子のためになる」とは限りません。今の対応が，10年後，20年後のこの子の幸せにどうつながるか，という視点は，私たち教師にも必要です。

☑ よくあることは先んじて伝えておく

「うちの子が〜された」のようなトラブルは，よく起きることです。起きてから対処するより，早めに「こういうことがあったら，こうするといいですよ」と通信で伝えておくと，保護者も冷静に対処しやすくなります。私は，よくあるトラブルや相談事へのアドバイスをまとめた冊子を作り，「子育てハンドブック」と名付け，就学時健診と入学式のときに配っています。それ以来，苦情が減ったような気がします。明らかに，読んだ上で，冷静に相談をしてくださっているな，と感じることもあります。

また，保護者の協力でよい解決ができたら，「同じことで悩む方は多いと思うので，紹介させていただけませんか？」と了解を得て，通信で紹介するのもお勧めです。我が子を心配するあまり，手助けしすぎることに悩むお母さんに，本人にさせる作戦をアドバイスしたときは，あるお母さんの言葉を紹介しました。「あるお母さんは，『心配で，登校班の集合場所まで1学期中は私が付き添うつもりでしたが，私が怪我をしてしまい，しかたなく1人で行かせたら，大丈夫だったんです。我が子を信じるってことですね。やってみます』と話されました。『我が子を信じる』それは，子育てにおける宝物のような呪文です。大人になったとき，親がべったりついていなくても幸せに暮らしていけるよう，失敗してもいい今のうちに，子どもの力を信じて，大人が手や目を離していくことは，とても大切です」

☑ 来年，あの子と違うクラスに①

年度末の個人懇談で，「あの子と違うクラスにしてほしい」と言われることがあります。これに「はい」と言ってはいけません。希望通りにすれば不公平，しなければ不信感が生じます。そこで毎年，そういう話が出る前に，通信で伝えています。

「少し早いですが，クラス替えについての話です。本校では，1年ごとに学級編成をしますので，2年生になったら，初めてのクラス替えがあります。新しい学級，新しい教室，新しい担任でスタートです。

『今までも，新しい環境に慣れるのに時間がかかったので，クラス替えが不安です』と，心の内を語ってくださった方がおられました。わかる，わかる，とうなずかれる方が多いと思います。『なかよしの子がいなかったらどうしよう…』『いじわるされたらどうしよう…』心配はきりがありませんよね。以前，『○○さんは苦手だから同じクラスにしないで』と，保護者の方が言いに来られたことがありました。思いあまってのことなのでしょう。でも…。

学級編成は，学習・運動・発表など，様々な場面で，得意な人，苦手な人がクラスで偏りがないように考慮し，子どもたちが友だち関係を広げ，どの子も活躍していけるよう，いろいろな角度から検討に検討を重ねて決定します。『○○さんと別にして』『いっしょにして』の全員の方の声に応えることは不可能です」

☑ 来年，あの子と違うクラスに②

　「そして，もっと考えていただきたいのが，それがお子さんのためになるか，ということです。子どもに辛い思いをさせたくない，嫌なことは取り除いてやりたい，というのが親心ですが，子どもが穴に落ちないよう先回りして行く先を整えることが，いつまでもできるわけではありません。中学生，高校生にもなれば親の介入は何より嫌うようになりますし，さらにその先を考えると，いつかは子どもが1人で，穴もあれば崖もある人生を歩いて行かなければなりません。1人で穴に出くわしたとき，うまくよけたり，落ちてもたくましく這い上がったりできる人は，どんな人でしょう。きっと小さいうちに，穴に落ちたり転んだりした経験がある人でしょう。まだ小さくて，大人が十分手助けできるときにこそ，たくさんつまずいたり転んだりした方がいろんな力や知恵を身に付けることができるのです。

　これから先，失敗することも，友だち関係でトラブルに巻き込まれることも，きっとあるでしょう。でもそのときに，『何とか解決してやらなくちゃ！』と焦るのではなく，『この機会に，この子に何を学ばせてやれるだろうか』と考えて，より建設的な解決の手立てをいっしょに考えてみてください。きっと，その経験が10年後，20年後，困難に立ち向かう力となってくれるでしょう。

　3月頃になったら，『クラス替え，楽しみね。きっと友だちが増えるよ』と笑顔で言ってくださいね」

35 個人懇談

これだけは押さえよう！

☑ 保護者の不安を減らすことが第一

　個人懇談の一番の目的は，保護者に安心してもらうことです。保護者の安心は子どもの安定につながります。保護者の不安を減らそう，ということを意識して，安心につながる話から始めましょう。

☑ 話すときのポイント

　「がんばっていること」は具体的なエピソードを添えてしっかり伝えます。「がんばってほしいこと」を伝える場合は，必ず「学校でやっている・やること」「家庭でできること」をセットで伝えます。

☑ 安心してもらうために

　自分が保護者になってみると，他の人の話が丸聞こえだったり，見えてはいけない資料が見えたり，先生，まずいでしょ…ということがよくあります。保護者目線でチェックしましょう。

☑ 保護者の不安を減らすことが第一

　園と比べ，学校はどうしても子どもの様子が見えにくいので，保護者は不安を抱きがちです。さらに，学校では子どもが評価されます。保護者は，それを自分の子育ての評価のように感じることもあります。子育てはたいへんなのに，ほめられることもなく，子どもは思い通りにはならず，「私の子育てが悪いの？」と親は動揺しやすいのです。

　不安なとき，人は誰かを攻撃したくなります。保護者の攻撃が子どもに向かうと，子どもが不安定になります。学校に向かうと，クレーマー，モンスターペアレントが出現し，教師が不安定になります。親自身に向けられると，鬱傾向になって，これも子どもに深刻な影響を与えます。ということは，保護者の不安を減らすことで，様々な困った問題を防ぐことができるのです。個人懇談は，安心してもらい，保護者を勇気づける絶好のチャンスです。

　まず，よいことから話しましょう。話の構成の例です。

①まず，がんばっていることを伝える。
②がんばってほしいことがあれば伝える。
③時間に余裕があれば「何か気になることはありますか？」「おうちではどうでしたか？」と聞いてみる。
④最後は，「ありがとうございました。よい夏休み（クリスマス・冬休み）を」と，笑顔で。

☑ 話すときのポイント

「がんばっていること」は，具体例を挙げて話すと，説得力が増します。がんばりを見つけるこつは，他の子と比べないで，その子の以前の姿と比べ，成長していることを見つけること，「おとなしく目立たない子」は，「きまりを守り，穏やかで，落ち着いて生活している」など，当たり前と思わず，見方を変えることです。

「次の用意をして座っているのを，みんなもお手本にしています」など，「そのがんばりが学級のみんなによい影響を与えている」ということも伝えると，「うちの子は学級に心地いい居場所があるんだな」と感じてもらえます。

保護者の努力を認める言葉も添えましょう。「おうちの人に，いっぱい愛情を伝えてもらったから，こんなにも友だちに優しくできるのでしょうね」「やる気があるのは，たくさんほめてもらってきたのでしょうね」「どうしたら，こんないい子に育つんでしょうね」「いつも音読カードに印をありがとうございます。おうちの人がしっかり見てくださっているので，○○さんも毎日がんばっておられるのだと思います」

「がんばってほしいこと」を伝えるときは，「がんばってほしいこと」だけでなく，必ず「その問題に関し，学校で取り組んでいること・今後取り組むこと」「家庭で取り組めること」を加え，3点セットで伝えること。問題点だけ伝えるのはただの悪口になってしまいます。

☑ 安心してもらうために

　私はなるべく，通知表のコピーを見せながら説明をしています。後で，保護者が通知表を見ながら「これはどういうことだろう…」と悩むのもよくないし，保護者から質問の電話をいただくのも，できれば回避したいです。ただ，学校の流儀があるので，確認しましょう。

　手元の一覧表や名簿など，他の子の情報満載な資料が，保護者から見えることがあるので，気を付けましょう。「うちの子のも見られてしまうんだ…」と，不信感をもたれます。その子自身の記録も，見えていると，保護者は気になります。問題行動がたくさん書いてあったり，保護者と共有していない情報が混じっていたりしたらよくないです。見せる意図のない物は不用意に出さないことです。

　「うちの子，休憩時間は友だちと遊んでいますか？」というのはよくある質問ですが，担任は忙しく，休憩時間にどの子がどう過ごしているか把握するのは困難です。カウンセリングのときなどを利用して，いつも休憩時間にどこで誰と何をしているのか，誘っているのか誘ってもらっているのかなどを聞き，記録しておきましょう。

　待っている間に教室の会話が結構聞こえて，保護者同士，お互い気まずいものです。廊下でCDをかけて，音のカーテンにするのがお勧めです。注文用の写真や教材見本など，しげしげ見る物は，階段踊り場など，なるべく教室から離れたところに貼ったり置いたりしましょう。

第 2 章

知らないと大違い !?

小1担任の
「裏ワザ」集

1 入学前後に先生方や 6年生にお願いする

6年生にお願い

　入学式前日の準備，当日・入学後の様々なお世話，6年生の助けは本当にありがたいです。一方，小6担任からは「6年生は1年生に6年生にしてもらう」とよく言われます。1年生と6年生の結びつきは互いにとって大切です。だからこそ，よりよい関わり方をしてほしいです。

　よかれと思って手伝いすぎ，いつまでたっても1年生がやり方を覚えない，6年生とばかり遊んでいて1年生となかよくなれない，などは困ります。また，担任は，1年生をかっこいい大人として扱うよう心がけているのに，6年生が1年生のほっぺたを触り，「かっわいい〜♡」と言うのも困ります。「○○ちゃんって，かわいいよねー」と6年生同士で話し合っているのを，別の1年生たちが「私はかわいくないんだな…」という寂しげな表情で見ている光景も見かけます。赤ちゃんやペットのようなかわいがり方ではなく，同じ学校の先輩・後輩として，尊敬と思いやりをもって接してほしいです。アレルギーの児童や感覚過敏でスキンシップが苦手な児童がいて，顔や体に不用意に触れないようにしてほしい場合もあります。

> 上級生へのお願いを手紙にして伝えましょう。手紙や絵を1年教室の入り口に貼っておくのも効果的です。

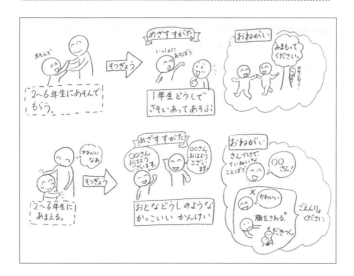

先生方にお願い

最初の1週間は特に,「お願い！　誰かこれをコピーしてきて！」「この子を保健室に連れて行って！」などと叫びたくなることばかりです。手が空いたら1年教室に顔を出したり, 職員室に行く際に, 可能なら1年教室の前を通るようにしたりしてほしいと先生方にお願いしておきましょう。ある級外の先生は, ほうきを手に1年教室の廊下に来ては, 掃除しながら見守ってくれました。助けがいると, さっと入って来てくださる姿が, 神に見えました。

2 入学式に欠席した子の「プチ入学式」

式が終わったらすぐに電話を！

　たまに発熱などで，入学式を欠席する子がいます。一生に一度の小学校の入学式，本人はもちろん，保護者もどんなにか気落ちしていることでしょう。

裏ワザ

> 　1年生と保護者が下校したら，真っ先にお休みの子の保護者に電話をしましょう。担任として自己紹介し，後日，放課後に「プチ入学式」をしたいので，元気になったら日程調整をさせてくださいと伝えます。これで，とりあえず安心してもらえます。

　管理職と相談の上，プチ入学式を後日行うことを先生方にもお知らせしておきます。後日，保護者の予定と学校側の予定を合わせて日程を調整します。

　プチ入学式がその子の初登校の日の前日であれば，問題ないですが，別の日なら，プチ入学式とは別に，元気になった1年生が初登校するときのことを保護者と相談しておきましょう。他の子は入学式の日に保護者に付き添われて初めての登校をしているのです。遅れて初登校する子は，

わけがわからないし，不安でいっぱいです。元気になって
よかったね，明日から学校に来てね，というわけにはいき
ません。荷物だってあるでしょう。初登校の前日の放課後
に保護者と来て，下足場や席を見ておくのか，初登校の朝
に保護者と一緒に来るのか，保護者の予定もあるでしょう
から，きちんと決めておきましょう。

職員みんなで温かいプチ入学式を

　プチ入学式は，なるべくたくさんの先生方にも参加して
もらい，職員みんなでお祝いしましょう。小1担任や管理
職は，服装も入学式のときと同じにし，1年生と保護者に
も入学式の装いで来てもらいましょう。1年生はいったん
家に帰って改めて親子で来てもいいし，残って，保護者に
来てもらってもいいです。会場は，私は1年教室を使って
います。他の先生たちにも協力してもらい，花のアレンジ
や鉢をかき集めて並べたり，黒板を飾り付けたりして精一
杯華やかにします。式は，本物と同じ流れで行います。

　「入学式に参加できなかった」という悲しい思いを，「と
びきり温かい入学式ができた」という幸せな思い出で上書
きしてもらうために，みんなで心を尽くしましょう。

　入学式当日，入学写真撮影の前に，欠席者がいること，
後日プチ入学式をする予定であることを写真屋さんに伝え
ましょう。後で合成するのでスペースを開けて，と指示さ
れることもあります。プチ入学式のときに撮影に来てくれ
ることもあるので，相談しておきましょう。

3 指導したことは徹底する

にっこり微笑んで，でも，絶対譲らない

しゃべりながら机上に学習道具を出し，勝手なことをする子もいて，いつまでもざわざわと落ち着かない教室と，黙ってさっと出してすぐ学習を始める教室…きっと前者の教室でも，最初は「静かにさっと出しましょう」と指導したのだと思います。違いは，その後のしつこさです。

「〜します」と教えた以上，そのきまりは，しつこく指導します。「ま，いいか」と許してしまうと，その件だけではすみません。「この先生の言うことは，守らなくてもいいんだな。学校というところは，きまりを守らなくてもいいんだな」ということを学んでしまいます。

裏ワザ

指示を出してもざわざわしたら，すぐに「はい，巻き戻しします」と声をかけます。ここで怒鳴ったり怖い声を出したりしません。にっこり，穏やかに。

「どうしてやり直しをするか，わかりますか？」と，気の毒そうに聞きましょう。「おしゃべりしたから」「ふざけていたから」などと答えが返ってきたら，にこやかに，

「そう！　すごい！　よくわかっていますね。では，次は
どんなふうにしますか？　黙ってやるんですね？　難しい
ですよ。やってみますか？　では，どうぞ…わあ！　かっ
こいい！」

　これを，特に最初は根気よく繰り返します。あきらめて
ざわついたままにしてしまうと，学級がいつまでも落ち着
かず，先々どんどんたいへんになります。どんなに手間と
時間がかかっても，「やり直す。できたらほめる」の繰り
返しを初期に徹底してやっておくと，その頃は苦しくても，
後から，本当に楽になっていきます。

個人対決は回避する

　気を付けてほしいのは，言うことを聞かない子と個人対
決をしないことです。「○○さん，片付けましょう」と声
をかけて，はっと気付いてすぐ行動する子ならいいですが，
言えば言うほど意固地になってしまう子には，こちらもむ
きにならないこと。お互い，プライドをかけた意地の張り
合いになって関係が悪くなるばかりです。

　そういう子には，その子ではなく全体に，「いったん立
ちます。後ろに並ぶよ。さあ，今からかっこよく席に座り
ましょう。黙って素早くできるのは誰かな？」などと声を
かけ，切り替える機会を作ります。みんなで後ろに行きな
がら，さりげなくその子に「一緒に片付けようか」とささ
やいて手を貸してもいいのです。それでもだめなら，「落
ち着いたら一緒にやろうね」とそっとしておくのも手です。

4 「どっちがかっこいい？」

やってみせて気付かせる

　例えば，教科書の指示されたページを開くということを，黙ってやってほしい場合，口で言ってもいいですが，こんなやり方もあります。

 裏ワザ

> 　1年生がやりそうな，でもやってほしくないやり方と，やってほしいやり方と，2通りやってみせ，どちらをやりたいか聞くのです。

　「今から，教科書を開くやり方を2通りやります。どっちがかっこいいか，後で教えてくださいね」と言って注目させてから，おもむろに「1番」と告げ，わあわあしゃべりながら開いたり，別のページを開いて「見て見て」と隣の人に話しかけたりする演技をします。真剣な態度でいったん教科書を閉じ，「2番」と言ってから，今度は黙ってさっと開き，よい姿勢になります。「かっこいい方に手を挙げましょう。1番…2番…。わかりました。では，みなさん，2番でやってみましょう。できるかな。はい，どうぞ」

完璧にできるのを待たず，かっこよくやろうとしている最中に「すごい！」とほめます。

やらせる前に「どうして２番がかっこいいの？」「どうして２番の方がいいのですか？」「たくさん勉強ができるのはどっちだと思いますか？」などと聞いて，意味づけをしておくのも効果的です。

バリエーションとして，２択ではなく３択以上にする，あえて理想の選択肢を入れず，だめな例ばかりやってみせて，「え，どれもだめ？　どんなのがいいの？　じゃあ，やってみせて」とやらせる，などの方法もあります。

他の先生と一緒にやってみせる

この方法は，体育の，基本的な「立つ・座る・並ぶ・聞く」の指導にも効果的です。他の小１担任にも協力してもらい，集団で演技をします。まず１年生にやらせてよく観察し，例えば並び方なら「しゃべっている」「間隔を開けない」「ふざけてつついている」「じっとしていないでくるくる回ったりぴょんぴょん跳ねたりしている」「まっすぐに並ばない」などのよろしくない姿を見つけておきます。「劇団１年団」でさっと集まり，誰がどのよくない例を演じるか打ち合わせます。よくない例とよい例を演じてみせます。１年生がもう一度やると，見違えるようにかっこよくできます。しっかりほめましょう。

よくない例とよい例を別々の先生が演じる場合，よくない例をいつも同じ先生がしないようにしましょう。

5 「今，先生は 嫌な予感が…」

結末を一緒に想像する

　教室の後ろに並んで，図書館に行こうとしているとき，しゃべったりふざけたりしている子たちがちらほら…「巻き戻し」もいいけど，さっきの時間もやったなあ…やり直していたら，図書館で過ごす時間が足りなくなるかな，このまま出発したら，きっとどんどんおしゃべりがひどくなって，結局，途中で引き返して…想像していると，ため息の1つもつきたくなります。

> 👆 裏ワザ
>
> 　そんなときは，担任が頭の中で予想していることを，1年生たちに一緒に想像してもらいましょう。

　「ねえねえ，聞いて。先生ね，今，すっごく嫌な予感がしているの。この後，どんなことが起こるか，先生の頭の中にぽわんと浮かんでいること，わかるかな」と，頭の上に吹き出しの形を手で描いてみせます。1年生は口々に言います。「おしゃべりがひどくなって」「戦いごっこする人がいて」「けんかになるかも」「怪我する人がいるかも」担任も参戦します。「そうそう！　で，時間がどんどんた

っていくでしょ」「あっ！　図書館に行けなくなる！」「本を読んでもらえない！」「ええっ！　〇〇先生，本を準備して待っておられるのに」担任も一緒になって，みんなで最悪の結末をどんどん想像して言い募ります。「そうなんです。先生が頭の中で予想していたこと，みんなよくわかりましたね。どうしましょう。今日はやめますか？」「いいえ！　静かに並んで行きます！」「わかりました」よしよし…。

頭の中に小さい先生が

そのうち，「今，先生の言いたいことわかる？」と聞くと，注意したいと思っていることを１年生たちが全部語ってくれるようになります。「すごい！　頭の中に小さい吉田先生がいるみたいだね」と言ったら，１年生たちがとてもうれしそうににこにこしていました。その笑顔を見ながら，この言い方，いいなあ，と思いました。何度もその人の話を聞いているうちに，その教えが頭に入り，当人がその場にいなくても「あの人なら今，こう言うだろうな」と思い，自分の行動が影響されることは大人でもあります。

その後，「先生の話をよく聞いていると，頭の中に小さい先生がいるようになるんですよ」と言うようになりました。子どもたち１人１人の頭の中に住み着いた担任は，どんなことを語るのでしょうか。その子が勇気をもってよりよく生きようと励まされるような言葉を，私は言えているだろうかと，意識し続けたいと思います。

6 「赤ちゃんの仲間？ 大人の仲間？」

校長先生がやったら？

　１年生が，手を挙げたのに当ててもらえなくて，「もういい！」とすねたとします。ちょっと時間をおいてから，こんな話をしてみましょう。その場ですぐやると，すねた子の立場がなくなるので，場を改めて一般的な話題として取り上げましょう。

　「みなさん，もし，もしですよ。本当はそんなこと絶対ないんですけど，校長先生が，会議で手を挙げたのに『はい，校長先生』と言ってもらえなかったからといって『もういい！　やだ！　やだ！』とすねたら，どう思いますか？」と，思い切りかっこ悪く，すねた演技をしてみせます。この際，恥ずかしいという感情は忘れたことにしましょう。「うわ，やってて恥ずかしい」とつぶやいてもいいでしょう。１年生は「恥ずかしい」「かっこ悪い」などと答えるでしょう。

　「では，そうですね，２歳，とか，３歳くらいの赤ちゃんが『もういい！　やだ！』とすねたら，どうですか？これは，かわいいですよね」１年生も同意します。

　ここで，おもむろに，みんなを見渡してから問います。

裏ワザ

　「では，聞きます。あなたは，校長先生の仲間ですか？
それとも，赤ちゃんの仲間ですか？」

　１年生は「校長先生！」と不思議なくらい自信たっぷり
に即答します。いや，君たち６，７歳でしょ，どう考えた
って赤ちゃんの方が近いでしょ，と内心で突っ込みつつ，
「ですよねえ！」と大きくうなずきます。１年生の心の中
では，自分たちは立派な大人の仲間なのです。

　校長先生の他に，担任や，同学年の先生なども使えます。
ぼんやりしたイメージの「大人」という表現より，具体的
に姿が思い浮かべられる人物を挙げた方が，その行動を想
像したときのおかしさが実感できていいと思います。

校長先生ならどうする？

　さらに，「では，校長先生なら，そんなとき，どうされ
るでしょうね」と問いかけます。

　「すねない」「『やだ』って言わないと思う」など，１年
生も答えるでしょう。「きっとそうですね。それから，校
長先生ならきっと，他の人の意見をうなずきながらお聞き
になると思います。で，自分が言おうと思ったことを言わ
れても，『ちぇっ，言おうと思ってたのに！』なんて…」
「言わない！」「そうですよね。『同じです』とおっしゃい
ますよね」などと，１年生に期待する姿を「校長先生な
ら」という表現で語ります。

7 「どうしたらいいか，わかる人！」

「さっき言ったでしょ」の代わりに

　一所懸命，丁寧に説明をして，「はい，やりましょう」と言ったすぐ後に，「先生，これどうするんですかあ？」と聞きに来る１年生…膝から崩れ落ちそうになります。「さっき，言ったでしょ」と，嫌味の１つも言いたくもなりますよね。しかも，また，あなたですか…いつもですよね，という子だと，「だから，ちゃんと先生の話を聞きなさいねって，いつも言ってるでしょ」と，嫌味をもう１つ上乗せしたくなります。ちょっと，いらっとしますよね。でも，一番いらいらしているのは，嫌味を言いたくなる自分自身に，です。

　いい方法があります。

☞ 裏ワザ

　「どうしたらいいか，わかる人！　誰か教えてあげて」とみんなに呼びかけましょう。

　きっと，張り切って何人も手を挙げますから，聞きに来た子の近くの席の子を指名し，「○○さん，△△さんに教えてあげて」とお願いします。

172

「〇〇さん，ありがとう。△△さん，よかったね。〇〇さんにお礼を言おうね。え，もうありがとうって言ったの？　すごいね」などと言うと，2人とも，うれしそうです。

このやり方だと，こっちは同じ話をしなくてもすむので次の支援ができるし，説明役になった〇〇さんもうれしいし，人に教えるのは教えている側にとっても理解が深まるよい学習になるので，〇〇さんも力がつきます。1年生は教えてあげるのが大好きなので，他の子も，この次は自分が教えてあげたいと思えば，話を聞くのにも身が入ります。いいことずくめです。

もし，「誰かわかる人！」と聞いても，誰も手を挙げなかったら，こちらの説明がわかりにくかったのだと潔く認めて，どうしたら伝わるか知恵を絞りながら，もう一度説明しましょう。その場合は，いったん手を止めて集中して聞くよう，みんなに指示します。

「やりなさいって言ったでしょ」の代わりに

「はい，やりましょう」と言った直後に「先生，これ，やっていいですか」と聞く子もいます。いや，だから，やるって今，言ったじゃん，と倒れそうになりますが，落ち着いて。

嫌味も叱責もいりません。「どう思う？」と穏やかに聞きましょう。「…やっていい」不安なだけで，わかっているのです。「そうですよ。よく聞いていましたね」と笑顔でほめましょう。

8 うれしさを表すお稽古

雄叫びを上げるお稽古を

A「今日はみんなで中庭を探検します！」（シーン…）

B「今日はみんなで中庭を探検します！」「イエーーイ！」

　どちらがいいですか？　Bの方が，この後の説明にも熱が入りますよね。

　でも，入学したての1年生たちの姿は，少なくとも私の周囲では，たいていAです。「もう少し反応してくれるとやりやすいのに。おとなしくて，自分を出すのが苦手な子が多いのかな」などと，悶々としなくてもいいです。

👉 **裏ワザ**

　うれしいことがあったときに雄叫びを上げるお稽古をしましょう。

　「みなさん，うれしいことがあったら，『イエーーーイ！』と叫びます。では，巻き戻しします。今日はみんなで中庭を探検します！　あ，遅い！　あのね，『探検します！　イエーーーイ！』こんな感じ。いい？　いくよ。…今日は，みんなで，探検しますっ！」「イエーーーイ!!」

　ほかにも，「ウオーーーーー！」や「やったあああ

174

あ！！」などでもやってみましょう。

　ぬるぬるっと「今日はみんなで中庭を探検します」と言うと，雄叫びに入るタイミングが難しいので，「今日は，みんなで」までは，ややゆっくり，抑え気味に言い，一瞬間を開け，「中庭を探検しますっ！」は気合いを入れて大きな声で高らかに宣言します。聞き取れないと反応できないので，「中庭を探検」ははっきりと，「しますっ！」は勢いよく言い切ります。

　不思議なもので，拳を突き上げ，大声で叫んでいると，子どもたちの表情が明るくなり，やる気が高まってくるのが感じられます。担任の方も，「よし，やるぞ！」と前向きな気持ちがわいてきます。これは理にかなっていることで，感情は，体の動きや表情に後から付いてくるものだという心理学の研究結果もあります。

　日常的に「やったあああ！！」と叫んで，楽しい気分を盛り上げましょう。

ぴたっとやめる練習も

　いつまでも叫んでいると説明の時間がなくなるので，「『イエーーーイ！』と叫んだら，いつまでも言ってないで，ぴたっとやめるのがかっこいいんですよ」と言ってお手本を見せ，お稽古しましょう。「イエーーーイ!!」は拳を突き上げ，ぴたっとやめると同時に手を膝に置く動作のお稽古もセットでやっておきましょう。

　メリハリが大事です。メリメリもハリハリも困ります。

9 学級目標は 「あいうえお作文」で

学級目標はあいうえお作文がお勧め！

　学級目標がスローガン的なものだと，目標が達成できているのかどうかよくわからなくて，あまり役に立ちません。

　学級目標は，今日，これができたかどうかが，みんなにはっきりわかる具体的なものがいいと思います。

> 裏ワザ
>
> 　お勧めは，「あいうえお作文」型です。いくつかの具体的な目標の頭文字をつなげて覚えやすい言葉にします。

　まず，1年間を通して学級みんなで取り組んでほしいことを担任がしっかりと考え，いくつかに整理します。それを，「先生はこんな1年〇組にしたいです」と黒板に分けて書きながら話します。次に，子どもたちにもどんなクラスにしたいか発表してもらい，先ほど書いた先生の願いに付け加えていきます。これを学級通信に載せ，「あいうえお作文」型の目標を作ることを説明し，「親子で考えてみてください」とアイデアを募集しています。

　けっこう案が寄せられるので，子どもたちの投票で決めます。応募作を拡大コピーした物を作者名が見えないよう

に黒板に貼り，2回くらい読んで聞かせます。目をつぶって伏せ，誰がどれに手を挙げたかわからないようにして1人2回手を挙げます。2回というのがミソで，1回だと，自分の作品に挙げる子が多いので，票が割れてしまうのです。1つずつ読み上げて手を挙げさせますが，たとえ誰も挙げていなくても，同じくらい時間をとって「下ろしましょう」と言います。後で結果発表をするときには，「どれにも手がたくさん挙がりましたが，ちょっとの差で〜が選ばれました」と説明します。

使いやすいように手を入れる

　親子で考えてくれた作品では，具体的な目標の内容が本来のねらいからずれていることがあるので，募集の際に，「採用された案に，他の人の案を組み入れるなど，手直しをすることもありますので，予めご了承ください」と通信に書いておき，頭文字の言葉以外は，使いやすいように手を入れさせてもらっています。

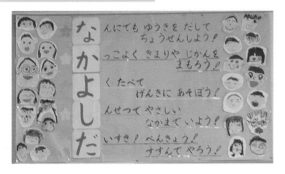

10 学級目標の生かし方

目標が達成できたら付箋に書く

　私はいつも学級目標を5つの目標で構成しています。その中の1つでも達成できたら、付箋に書いて記録します。

> 　目標ごとに色を決め、その目標ができたらその色の付箋に書いて貼り、ためていきます。

　ちょうど5色ある星の形の付箋を愛用しています。色ではなくて形で区別してもいいかもしれません。

　最初は、「3時間目のチャイムまでに、みんな座っていましたね。だから、『なかよしだ』の『かっこよくきまりやじかんをまもろう！』ができたのですよ」と担任が教え、「か」の星型付箋に日にちとできたことを書いて台紙に貼っておきます。

　だんだん慣れてきたら、帰りの会で子どもたちが見つけたことを発表するようにしていきます。「今日、残菜なしができたので、『よくたべてげんきにあそぼう』ができたと思います」というように、必ず「〜ができたので、『〜』ができたと思います」という言い方をさせることで、学級

目標を日々，意識させることができます。

　次第に子どもたちは「やった！『か』ができた！　今日はこれで３つ！」などと言い合うようになります。「１日に全部できたら，パーフェクトだよ！」と担任もあおります。やがて１年生同士で「今日はもう『な』と『か』と『し』と『だ』ができた！　後は『よ』だ！　みんな，がんばろう！」などと声をかけ合うようになります。

目標の付箋を活用する

　台紙がいっぱいになったら，教室の後ろなどにずらりと並べて貼ります。ぱっと見て，どの色が多く，どれが少ないかわかるので，２学期と３学期のはじめには，それまでの達成状況を振り返って，これから何をがんばっていくか作戦を立てるのに役立ちます。さらに，算数で学習したことの応用として絵グラフを作ると，より実態と課題がはっきりわかり，絵グラフのよさも実感できます。

　付箋は，ちょうど10のかたまりができるように台紙に貼っておきましょう。後に，算数で，10のかたまりで大きい数を調べることを学んだ後，その学びを生かして総数を数える子が出てきて，みんな感動します。

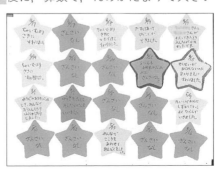

11 小学生免許証

きまりを学びたいと思えるように

入学した1年生がやりたいのは，字を書くことや計算，あるいは外に遊びに行くことなどです。でも，やりたいことができるようになるためには，たくさんのきまりやお作法を学ばなければなりません。きまりが学びたい！　と思っているわけではない1年生はうんざりしてしまいます。

裏ワザ

「しょうがくせいめんきょしょう」で，わくわくしながらきまりの学習に取り組めます。

しょうがくせい めんきょしょう

なまえ

　あなたは しょうがっこうの いろいろな きまりを みに つけました。これからも りっぱな しょうがくせいとして がっこうの みんなの おてほんに なってください。

　　　　4がつ　　にち

　　　　よどえしょうがっこう

しょうがくせい

（かり）めんきょしょう

写真

なまえ

2つ折りで，表紙には免許証っぽく顔写真を貼ります。

「しょうがくせいめんきょしょう」という言葉に「かり」と書いてあります。仮免許なのです。内側には，きまりを身に付けてほしい事柄が列挙されており，できるようになったら小さなシールが貼ってもらえます。全部の項目にシールが貼られると，「かり」の文字の上にキラキラのシールが貼られ，晴れて「めんきょしょう」になるというわけです。

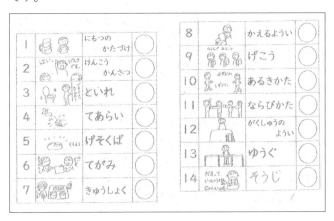

1		にもつのかたづけ	◯
2		けんこうかんさつ	◯
3		といれ	◯
4		てあらい	◯
5		げそくば	◯
6		てがみ	◯
7		きゅうしょく	◯
8		かえるようい	◯
9		げこう	◯
10		あるきかた	◯
11		ならびかた	◯
12		がくしゅうのようい	◯
13		ゆうぐ	◯
14		そうじ	◯

違反の場合

免許証は，机の「おとまりのへや」の「おとまりファイル」にしまっておきます。廊下を走っている子がいたら，「スピード違反です。免許を返しますか？　それともやり直しをしますか？」と声をかけます。みんな，神妙にやり直しをします。重大な違反の場合，守れるようになるまで担任が預かることもあります。「免許停止」です。

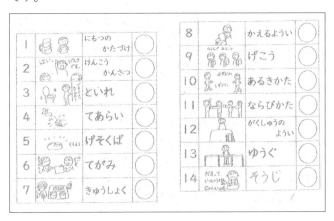

12 ほめるときのこつ

よい行いの結果を指摘

　子どもたちはほめてもらうのが好きです。ほめてほしくて，これ見よがしに先生の前で親切なことをしたり，露骨に「先生，見て！　見て！」と言いながらごみを拾ったりすることもあります。でも，ほめてもらうためによい行いをするのは，先生が見ていないところではできないということにつながりますし，がんばっても思うように注目してもらえないと感じると，もっと手っ取り早く不適切な行動で注目を得ようとするので，実はとても危険です。

> 👆 裏ワザ
>
> 　ほめるときは，その行動をした結果，どんなよいことが起きたかを指摘しましょう。

　「いい姿勢ですね」に「だから，字がきれいなのですね」
「元気なあいさつだね」に「みんなもうれしそうですね」
　こんな感じで，もう一言付け加えます。
　ほめてくれる先生に注目するのではなく，がんばった結果うれしいことが起きた自分や，よいことがもたらされた友だちに注目させるように仕向けるのです。

先生がほめてくれたこと以上に，自分にうれしい力がついたことや，友だちの幸せに貢献したことに，喜びを感じるようになっていけば，誰も見ていないところでもよいことをすることができるようになります。自分1人でも幸せな気持ちになれるからです。

心からすごいと思って言う

子どもたちをよい方向に変えようと目論んで，その手段としてほめていると，その下心は何となくにじみ出てしまうものです。上から言ってやっているという感じや嘘っぽさが，どうしても出てしまいます。

難しいですが，本当に心からすごい，と思って言うことが，究極のこつです。

そのためには，こちらも本気で考え，本気で見ないといけません。なぜ，元気よくあいさつをすることがよいのか，この子が今，話している友だちを振り向いて見たことで，誰が，どう変わったのか，みんながどんな影響を受けたのか，先々，学級のどんな姿につながっていくのか…。そこに潜む価値に気付き，ああ，すごい，と思ったときに，教師の口からこぼれ出る言葉は，子どもたちの心にまっすぐに染み通っていきます。

これは，修行です。日々，意識して続けていくと，だんだん見る目が磨かれて，子どもたちのキラッと光る「すごい」が見えるようになっていきます。

13 いろいろなほめ方

ほめ方を使い分けよう

　いろいろなほめ方を使いましょう。使い分けるポイントは，ほめられた子がほめられてどう思うか，周囲の子たちがどう思うか，です。ほめて終わり，ではなく，その後のその子や周りの子たちの反応に注目しましょう。

裏ワザ

　ほめてから「みんな，どう思う？」と問いかけ，「かっこいい！」などの賞賛を引き出してみんなでほめます。

　その行動を全体に広げたいときや，がんばりがみんなにあまり伝わっていない子のイメージを向上させたいときなどに。「かっこいい！」と言った子や拍手した子もほめると，子どもたち同士でほめ合う雰囲気も生まれます。

裏ワザ

　あえて名前を言わず「わあ，いい姿勢ですね。きっときれいに書けますよ」などとほめます。

　名前を挙げてほめると他の子はがっかりするので，あの子にもこの子にも声をかけたい，でも多くてたいへん，と

いう場合にこの方法を使うと，心当たりのある子はみんな自分がほめられたかも，と思ってくれ，一網打尽です。みんなと視線が合わない立ち位置で言うと効果的です。

👉 **裏ワザ**

　姿勢が崩れているＡさんに注意したいけど，注意するとよけいやる気をなくす…という場合に，Ａさんの近くを通りながら，Ａさんの近くの子に「いい姿勢ですね」と声をかけます。

　Ａさんが思わず自分もいい姿勢をしようとしたら，その瞬間にすかさず「Ａさん，かっこいいね」とほめます。自分もがんばろうと思った，その気持ちにエールを。

👉 **裏ワザ**

　担任が教室に戻ってきたら，みんながんばっていた場合に，教室に入ろうとして「あれっ。失礼しました！」と言って，廊下に出ます。教室の看板を見て首をかしげながら再び入ってきて，「あれ，ここ，１年○組ですよね。びっくりした。あんまりかっこいいから，６年生の教室に間違えて入ったかと思った。だって，先生がおられないのに静かに勉強できるなんて，６年生ですよ」

　１年生たちは「違いますよぉ。１年生ですよ」と言いながらうれしくてたまりません。

14 廊下歩行マスター

「廊下歩行マスター制度」のやり方

廊下を歩いてほしい，という悩みに，けっこう効果的な方法です。自分や友だちを評価するので，学校に慣れ，友だちとの関係もしっかりできた頃にお勧めです。

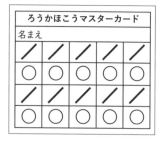

ろうかほこうマスターカード
名まえ

> **裏ワザ**
>
> ①1日を振り返り，正しい廊下歩行ができたと思ったらマスターカードに日付を書き，○に色を塗る。
> ②10個たまったら先生に報告する。先生は学級のみんなに「○○さんはマスターポイントが10個たまったそうです。マスターにしてもいいですか？」と聞く。
> ③みんなに認められたらマスターシールを名札に貼ってもらう。「走っていたのでまだマスターではない」と言われたら，ハーフカードをもらい，あと5回ポイントをためる。

「マスターカード」は，各自，机の端に貼っておきます。

ろうかほこうハーフカード				
名まえ				
／	／	／	／	／
○	○	○	○	○

「走っていたからマスターではない」と言っても，「走ってないよ」と言い張る人もいるかもしれないから，走っている人を見かけたらその場ですぐ「歩こうね」と声をかけることを指導しておきます。

マスターの心得

👉 裏ワザ

☆マスターは，常に全校のお手本として歩く。

☆マスターは，廊下を走っている人に優しく注意する。

☆マスターは，上級生に対しても注意する。

☆マスターは，走ってしまった場合，正直にシールを返し，新しくマスターカードをもらってまた挑戦する。

「やり方」と「マスターの心得」は1年生に読めるように書いて廊下に貼っておき，マスターになった人のマスターカードをその周りに貼っていきます。誰がマスターになったかがみんなにわかります。

マスターシールは，名札に貼るので，邪魔にならない小さなものを使います。100円ショップのラインストーンシールを切り離すと，小さいのにきらきらして存在感があり，ちょうどいい感じです。

15 いちについてようい君

50メートル走のフライング防止に

1年生の50メートル走は，まっすぐ走らない，ゴール前で減速するなど，どうやって伝えたらいいんだ…とため息をつきたくなる問題点が満載ですが，特に困るのがスタートです。いくら練習しても，「位置について」で「用意」の構えをしてしまい，「用意」で走り出そうとしてしまう子がいて，それに他の子もつられてしまうのです。

> **裏ワザ**
>
> 「位置について」と「用意」の絵を裏表にして棒を付けた秘密兵器「いちについてようい君」で解決！

「位置について」と言いながら，スタートライン前方にいる教師が「位置について」の絵をコースに突き出して見せます。「用意」で，突き出したまま絵をくるりと裏返すと「用意」の絵が見えます。「ドン！」で絵を上に上げます。ゴールで計測している人への合図も同時にできます。

1年生は，絵の通りに動き，前方で通せんぼしている絵がなくなったら走り出すだけなので，「『用意』って，どうするんだっけ…」とどきどきしなくてすみます。

使ってみるとわかりますが，棒が絵の真ん中に付いているのがポイントです。

　これでフライングが防げます。運動会の徒競走でも重宝します。

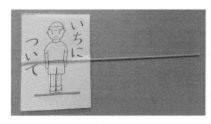

ペープサートが便利

　反復横跳び，シャトルランなどは，お手本を見せるだけでは「線を越えるか触れる」というルールが伝わりにくいので，ペープサートを使って説明しています。反復横跳びの足の動きは，大きな足のペープサートを見せています。これは，運動会の表現運動でステップを教えるときにも便利です。

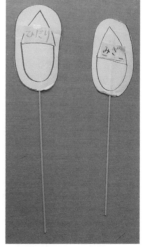

16 検診のお作法

絵を使って指導を

検診の前には，具体的なお作法の練習をしておきましょう。

「待っている間，静かにしないと，お医者さんがおっしゃったことが，記録をする人に正しく伝わらなくて，病気じゃないのに病気だと書かれてしまうかもしれません。聞き返していたらどんどん遅くなって，病院で待っている患者さんたちが困るでしょう」など，何のためにそうするのかについても，1年生にわかるように伝えましょう。

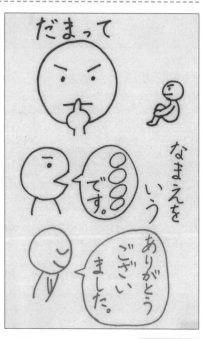

検診の種類によって多少違いはありますが，「黙って待

つ」「名前を言う」「『ありがとうございました』と言う」
など，基本的なお作法は，毎回，同じ絵を使って指導する
と，定着しやすくなります。検診会場に行く前に黒板に貼
って指導したらそのまま残しておきましょう。終わってか
ら振り返りに使えます。

何枚かコピーしてラミネートしておき，検診会場の要所
要所にも貼っておくと，より効果的です。

👆 **裏ワザ**

指導用の絵を縮小して，検診の計画案や名簿を挟んでお
くバインダーの裏に貼り付けておくと便利です。

バインダーを持ち，検診の計画案を読んでいるだけでも，
子どもたちに絵を見せることになるので，自動的に指導が
できます。順番待ちをしている間についしゃべってしまっ
た子に，「静かに」と注意することも，順番が来た子に
「名前を言うんですよ」と念押しすることも，バインダー
の裏の絵を見せながら，黙って指さすだけでできます。

待機位置のテープに

並んで待つ場所の床に，間隔を開けるため貼ったテープ
に「しずかにまってくれてありがとう」「だまってまって
いるあなたがかっこいい！」などとメッセージをペンで書
き込んだら，好評でした。ただし，1年生だと，つい声に
出して読んでしまって逆効果になることもあるので，「し
ずかに」の絵を描いておくといいかもしれません。

17 なつやすみ わくわくせっと

全部封筒にまとめる

　青ざめる親，泣き叫ぶ子ども…夏休みの終わりになると，あちこちの家庭で，血も凍るような恐ろしい事件が…。

　「宿題の一覧表が，見つからない…」「夏休みの予定表をなくしてしまった…」キャー！！　思い出しただけでもぞっとします…。

　そんなホラーな悲劇を防ぐための裏技です。

　大きな封筒に夏休みの宿題の一覧表を印刷し，必要な物を全部入れ「なつやすみわくわくせっと」として渡しましょう。

　夏休み中の学習に必要なワークやお便り，夏休み明けに提出が必要なプリント類，全部まとめて入れてしまいます。裏面には，始業式の日にち，下校時間，持ってくる物の一覧なども印刷しておくと，さらに親切です。

　この「セット」を作るようになってから，夏休み明けの「〜がなくなりました」が減りました。

　提出するときも，机の上に「セット」を出させ，「〜を

集めて」と種類ごとに回収すると，誰が何を忘れたかのチェックも同時にできて楽です。

冬休みも，年末の大掃除で捨てられてしまう恐れがあるので，このやり方がお勧めです。

なつやすみわくわくせっと

★なつやすみが おわったら、 このふうとうに いれて もってきましょう。

いれるもの	いれたら○をしましょう。
◎「なつのとらい」	けいかくをたてて やりましょう。そのひのうちに おうちのひとに まるを つけていただき、まちがいは そのひのうちに なおしましょう。
◎おんどくかあど	「あるきあるけ」「おおきくなあれ」「かいがら」「たべもの」「さとうとしお」「とんこととん」「どうやってみをまもるのかな」「おおきなかぶ」「かぞえうた」なども、せっかく とてもじょうずに よめるようになっているので、れんしゅうしましょう。8がつに なったら 8つのかあどを はりましょう。
◎なつやすみ かれんだあ	まいにち わすれずに かきましょう。わかっている よていを いれてもいいですよ。
◎なつやすみの くらし	おうちのひとと よくよんで、きまりが まもれているかときどき たしかめましょう。なつやすみのおわりに ちょっくしましょう。
◎ひらがな れんしゅう（こくごのうと）	①しりとり ②ことばあつめ こくごのうとを つかいきってしまいましょう。
◎けいさんまらそん（さんすうのうと）	けいさんかあどを つかって、さんすうのうとに れんしゅうします。かあどうらをみて じぶんで まるつけを しましょう。さんすうのうとを つかいきってしまいましょう。
◎かんさつかあど	あさがおのはなを かんさつして きづいたことを かきましょう。
◎うちどくかあど	おうちのひとと ほんを よんで かきましょう。

☆ え、こうさく、けんきゅうなど なにかひとつは やってみましょう。（こんくうるに ちょうせんするのもおすすめです。）さくひんかあどが なかに はいっているので はってだしましょう。

作品カードも入れておく

以前，夏休みの絵や工作に貼る作品カードを書かせようとして、「題名」が伝わりにくかったので，「ここには作品の名前を，こっちには作った人の名前を書きます」と教えたら，「作った人」のところに「おとうさん」「おじいちゃんとぼく」…。お父さん，おじいさん，お疲れさま！

作品カードを「なつやすみわくわくセット」に入れておきましょう。横書きと縦書き，数枚ずつ1枚のプリントにまとめて印刷し，「必要なだけ切り取って作品に貼って持たせてください」と「わくわくセット」に書いておけば，もう安心です。貼らせる手間も省けます。

18 整頓・掲示のアイデア

100円ショップの小物で

　1リットルの牛乳パックを3分割で横に切ったものを3個×4個で並べてホチキスで留めると，100円ショップのA4のかごにちょうどいい感じで入ります。これに水やり用のペットボトルがきれいに入ります。ペットボトルと牛乳パック，牛乳パックとかご，どちらもシンデレラフィット！　名前シールを貼っておくと片付けが楽です。

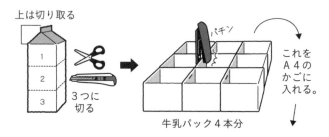

上は切り取る

1
2
3

3つに切る

パチン

これをA4のかごに入れる。

牛乳パック4本分

　かごを複数使う場合は，かごの色を変えておくと，掃除のときに入れ替わっても，自分のを見つけやすいです。

　収納や掲示は，かご，はしごロープ，紐付き洗濯ばさみ，ダブルクリップ，S字フック，丸環ねじなど，100円ショップの小物を組み合わせると，何とかなります。

　雑巾を掛ける場所が足りないときは，紐付き洗濯ばさみを机などに2つ付け，雑巾の端を挟んで干すと，1年生がうまく絞っていなくても乾きやすいです。柱があって掲示できないときも，紐付き洗濯ばさみを画鋲で柱の両側の壁に留めると，柱をはさんで掲示することができます。

　100円ショップはときどきパトロールして，何か使えそうな物はないかな？　と探しておくとヒントが得られます。

はしごロープで楽しい掲示

　洗濯用はしごロープを丸環ねじやS字フックで教室に張ると，図工の作品をダブルクリップで留めて，つるして飾ることができます。はしごロープを壁や窓際に張って作文をダブルクリップで掲示することもできます。作文用紙を

貼り足して長くしたものをずらりと張り巡らせると，見応えがあります。

19 6年生を送る会の出し物

負荷を減らす

お世話になった6年生にしっかり感謝を伝えたいけれど, 時間はないし, 何かと時間のかかる子は, 年度末であれもこれもやることが残っていてたいへんなので, 負荷をかけたくないし, という状況での6年生を送る会の出し物は, とにかく楽に, でも見栄えがするように工夫しています。

裏ワザ

学習発表会の劇や歌をベースにして, 新たに覚えることを減らしましょう。

劇のせりふを減らし, 6年生に感謝を伝える内容に書き換えます。

覚えなくても堂々と歌える技

出し物の最後に, みんなで歌って気持ちを伝え, 盛り上げます。歌は, 学習発表会で歌った歌など, 新たに練習しなくても歌える歌の歌詞を6年生への感謝の言葉に書き換えます。ピンク系の色画用紙を何色か用意し, 8つ切りサイズに切って, 桜の形を印刷し, 片面に6年生の名前を薄

く鉛筆書きしておきます。１年生はペンでなぞり，切り取ります。このとき，余白に花びらの形も印刷して，早くできた人に切ってもらうと，卒業式や入学式の飾りに何かと重宝します。桜をつぼみの形に折り，歌詞を印刷した小さな紙を貼ります。これを捧げ持てば，歌詞を見ながら堂々と歌えます。歌の２番か３番くらいで，曲に合わせて徐々に花を開いていくと，６年生の名前が満開の花の中に現れるというわけです。なかなかきれいです。この花は，卒業式のときに教室や廊下などの飾りとして使えます。

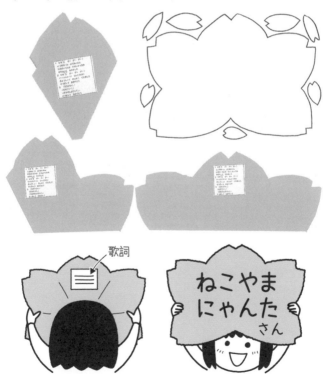

20 運動会の表現運動で本気にさせる

先生たちが勝負を挑む

運動会本番を目前にして，低学年の表現運動の指導をしていた先生が，「上手になってきたけど，もう1段階本気にさせたいんです。あまり時間はないし，どうしたら…」と悩んでいました。そこで，練った策が，これです。

> 🖐 裏ワザ
>
> 先生たちが子どもたちにダンスのバトルを挑み，最初は先生チームが勝つけれど，最後は子どもチームが勝つという筋書きでお芝居をしましょう。

実際に台本を書きました。まず，ここは，しっかり手を伸ばしてほしい，このステップは足をしっかり上げてほしい，顔を上げて笑顔で踊ってほしい，など，気になる部分を先生たちに挙げてもらいました。「最後の通し練習」と称して最初から踊っていると，それらの気になる箇所に来るたび，先生が1人ずつ「ちょっと待った〜！」と，止めさせ，「下向いてて元気ないね。先生の方が笑顔でできるよ」などと勝負を挑み，だんだん「先生たち vs 子どもたち」の形にしていって，子どもたちを思い切りあおり，本

気を出させ，最後は強敵の先生チームを破って自信を付け させるという流れで，誰がどこで何と言うか，誰が審査員 を務め，どこで逆転勝ちに持ち込むか，台本に書き込んで いきました。最初に「待った」を言う人は，芝居気のある 人を。最後に子どもたちに負ける役は先生のイメージが下 がってもよくないので，団体戦で。その際，同時に「ちょ っと待った！」と言って，「お先にどうぞ」「いやいや，ど うぞ」などと言うとさりげないリアリティが演出できます。 先生たちの「参りました」でしめくくり，「おうちの人も 感動されますよ。じゃ，最初から本気でやってみましょう。 最後の練習です！」と盛り上げます。あおったり，悔しが ったりする演技は，本気でやりますが，子どもたちがまね しても差し支えないよう，品位を保って。手袋を使う場合 は，決闘のお作法にのっとって，手袋を投げると芸が細か いですが，床にぺしっとやります。

大きく見せる実験

　お芝居作戦は効果的ですが，1・2年生でやる場合，翌 年，同じ作戦は使えません。そこで，「遠くにいるおうち の人に大きく見せる方法があります。実験しましょう」と 言って，背の高い先生と小柄な先生が並び，背の高い先生 が手足や背をあまり伸ばさないで，小柄な先生がしっかり 手足を伸ばして，同じポーズを取って見せました。小柄な 先生の手の方が高い位置にあることに気付いた子どもたち は，とても大きな動きで踊りました！　大成功！

第 3 章

かゆいところに手が届く！
小1担任 Q & A

Q1 >>
児童の記録はどうやって取ればいいでしょうか?

Answer

付箋にメモをして保存しておき，後でルーズリーフに整理しましょう。

児童の記録を取っておくのは大事なことです。こんなできごと，忘れるわけはない，と思うようなことも，次から次に起きて，どんどん上書きされてしまうので，学期末にあわてるのはよくあることです。私も何度も「ああ，記録しておくんだった…」と頭を抱えました。

ノートなどの個人個人のページに書いておく，座席表にメモして後で切り貼りする，など，いろいろ試してみましたが，とにかくいつも忙しいので，どれも長続きしませんでした。

最終的に残ったやり方が，付箋です。

ほめるような行動は青の付箋，注意するような行動は赤の付箋，と色を決めて，気付いたときに名前と日付と行動をメモし，クリアフォルダーにはさんで保管しておきます。ある程度たまったら，整理します。

ルーズリーフ１ページずつに児童の名前を書いて，１人ずつのページを作っておきます。入学前の情報の一覧表が

あれば，それを切り取ってページの冒頭に貼れば，名前を書く手間が省けます。これに，書きためた付箋を時系列で貼っていきます。ルーズリーフというのがポイントです。付箋以外にも保護者からのメモや連絡帳のコピーなども貼っていくと，1ページでは収まらないこともあるからです。

　貼っていくと，赤ばかりの子，青が多い子，全く付箋のない子と，担任としてどの子にどういう注目を与えているのかが一目でわかります。赤ばかりだったのが青が増えていれば，うまくいっているということですが，その逆は要注意です。なるべくこまめに整理して，青の付箋が少ない子にプラスの注目をしよう，と意識しましょう。

　担任がカウンセリングをしたときのメモや，個人懇談で保護者と話したことのメモなども，赤青以外で色を決めて付箋に書いて貼っていきます。

　忙しくても続けるこつは，付箋をあちこちに用意しておくことです。私は，教室の教師の机，職員室の机，会議や校内研修のときに持ち歩くペンケース，かばん，さらには車の中のさっと手が届く所にも置いています。

　さあ，今から子どもたちのことを思い出して記録を書くぞ！　という時間が毎日作れたら理想的ですが，残念ながらなかなかできません。席に着いて校内研修が始まるのを待っているときや，帰りに買い物をするためにお店の駐車場に車を停めたときに（都会の人は電車に乗ったとき，でしょうか）「あ，そういえば，今日あの子が…」と頭に浮かぶことがあるので，すかさずメモしています。

Q2 >>

どうしたら発表するように なるでしょうか?

Answer

発表しなくちゃ,と追い込まないで,気が付いたら発表していた,という状態に仕向けましょう。

私は,今でこそ人前で語るのが得意な方ですが,小学生のときは6年間,自分から手を挙げることができませんでした。個人懇談では毎回,「発表が課題ですね」と言われ,自分でも常に「手を挙げなくちゃ」と思っていたのに,焦れば焦るほど,どうしても勇気が出なかったのです。

自ら発表することの意義を伝えて励ませばがんばれる子もいるので,「がんばれ!」も必要ですが,緊張しやすい子は,追い詰めてはいけません。「発表しなくちゃ」と意識させない方がうまくいきます。

静まりかえった教室で,いきなり「はい」と手を挙げるのはハードルが高いです。そこで,なるべく声を出す場面を増やし,話すことへの敷居を下げていきます。問題やめあてをみんなで声に出して何回か読むのは,字が読めない子だけでなく,緊張しやすい子への支援でもあります。

みんなが意見を言いたくなるような場面で,あえて挙手を求めず,座ったままみんなにわあわあ言わせ,その中か

ら言葉を拾い上げ，「○○さん，今の，もう１回言って」と指名すると，気付いたら発言していた，という形に持ち込めます。緊張する子なら立たせず言わせてもいいです。

　もう１つ，お勧めなのが，ペアでの発表です。ペアで話し合い，そのままペアで挙手し，「○○さん，△△さんペア」と指名して，発表も２人でします。単純な答えのときがいいです。発表が苦手な子は，実は声を出していないこともありますが，知らん顔をして「ペアで発表した」という扱いをします。立ってみんなに注目されただけでも，その子にとっては勇気ある１歩なのです。何となく発表したと自分でも思い込んでくれたら，次への自信につながります。ペアで発表すると，指名されるチャンスも２倍になるので，どんどん発表して，次第に慣れ，やがて１人でも発表できる子が増えていきます。

　１人ずつ順に発表するときはできるのに，自分からはどうしても発表しない子を，無理に指名しなくてもいいです。指名して言わせていると，指名してくれるのを待つ気持ちも生まれます。「手を挙げて言えばよかった」と悔しい思いをするのも，大事な学習です。私は，６年間そんな悔しさをため続け，それが緊張より大きくなったとき，発表できるようになりました。黙っていた６年間も，頭の中ではいっぱい言葉があふれていました。それも，私にとって豊かな学びの時間だったと思います。

　緊張が強い HSC の子や場面緘黙の子には特に，その子に寄り添って，無理のない方法を考えましょう。

Q3 >> 絵が苦手です。視覚支援はどうすればいいでしょうか?

Answer

予め用意した写真や絵,実物を使いましょう。

入門期は,1つ1つ丁寧な指示や説明が必要です。聞くだけでは覚えられないので,視覚的な支援が欠かせません。まだひらがながすらすらとは読めない子たちがいる状況なので,なるべく文字は減らしたいところです。

それはよくわかっているけど,絵が苦手で,自分の絵では伝わらないんです…という悩みはよく聞きます。

大丈夫です。絵を描く代わりに,予めプリントアウトした写真や絵を貼ればいいのです。そのためには,前日に,翌日どんな場面でどんな指示が必要なのか考えておく必要があります。絵が苦手だからこそ,事前に綿密な準備をすることができて,むしろよいことです! 今後も使いそうな絵や写真はラミネートしておきましょう。そうすれば,必要に応じて説明などを上から書き加えることもできます。

ワークブックやノートに書く,という指示の場合は,マグネット付きクリップで実物をがしっと挟み,そのまま黒板に貼りましょう。ページを指定したいときは,クリップを2つ使い,開いた状態で貼ります。矢印を切り取ってラ

ミネートし，マグネットを貼ったものをたくさん作っておくと便利です。

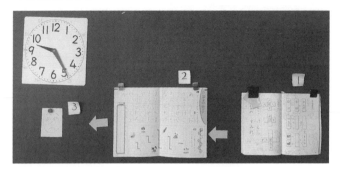

　子ども同士のトラブルの際，話を聞き取ったり，「あなたが○○さんだったらどう思ったかな？」などと客観的に振り返らせたりするときにも，絵で人間関係を描き表すとわかりやすいです。これは，棒人間で十分です。棒人間を色を変えて描く，頭部分に名前の頭文字を書き込む，言った言葉や思ったことを書き加える，などで伝わります。また，そういった場面ではどうしたらいいかを全体に考えさせるときの説明には，人物の絵が誰かに似ていない方がいいので，むしろ，記号的な絵の方が好都合です。

　「苦手だけど，がんばって描きますね」と挑戦する姿を見せることも大事です。苦手でもがんばることのかっこよさを学んでくれます。きっと「先生，上手だよ」と励ましてくれます。

Q4 >> 手のかかる たくさんの1年生を，自分1人で どうすればいいのでしょうか？

Answer

手が足りないときは，1年生に助けてもらいましょう。

　支援の先生がついてくださる学校もあると思いますが，私は，これまで，30人くらいの1年生たちを1人で指導することがほとんどでした。個人差が大きく，個別の支援が必要な子がたくさんいて，泣いている子もいて，連鎖反応でぐずる子もいて，消しゴムをちぎって投げている子もいて，わからなくてぼんやりしている子もいて，走り回っている子もいて…ああ，分身の術がほしい！

　困ったときは，1年生に助けてもらいましょう。

　朝から泣いている子がいたら，手が空いている子に声をかけ，かばんを片付けてもらいましょう。担任は泣いている子に寄り添ってやれます。何度か頼んでいるうちに，教室の入り口で泣いている子の姿を見かけると，担任が声をかける前に気付いた子たちがさっと駆け寄り，席まで連れて行き，かばんを片付けてくれるようになります。前は毎朝泣いて助けてもらっていた子が，誰かを助けていることもあります。助けてもらって，うれしかったのでしょう。自然に，助け合いの関係が築かれていきます。

208

　他の先生に用があるのに手が離せないときは，１年生にメモを渡してお使いを頼みましょう。とても喜びます。

　算数の練習問題などの課題に自分で次々と取り組む場合，赤白帽をかぶった合格者が丸付けをするやり方で，助けてもらっています。「○ページが合格したら赤前かぶり，△ページは赤後ろかぶり…」というように，黒板にどの課題ができたらどのかぶり方をするかを明記しておきます。後ろかぶりの次は横かぶり，次は白帽子前・後ろ・横，最後はウルトラマン帽子で，７課題まで可能です。

　○ページができた子は担任の所に来て丸を付けてもらい，合格したら指定の帽子をかぶります。合格者が３～５人出たら，「○ページは，もう先生は丸を付けません。赤帽子の人の所に行って丸をしてもらいましょう」と言います。担任は，支援が必要な子の所に行くことができます。課題が全て終わった子は，丸付けを担当し，それも手が空いたら，帽子を見て，苦戦している友だちを探し，その席へ行き，赤鉛筆片手に専属コーチを務めます。

　トラブルを防ぐため，きれいに丸を描くこと，念のためサインを書いておくこと，やり方は教えてもいいけど答えを教えてはいけないことなど，丁寧に指導しておきます。

Q5 >> 6年生に1年生から 感謝を伝えたいのですが, 何かいいアイデアはないでしょうか?

Answer

　ここぞというときにプレゼントやメッセージで伝えましょう。

　お勧めは，修学旅行のときのお守りです。以前は，てるてる坊主の頭に飴を入れて，「あめ（雨）封じ」と称して渡していましたが，食物アレルギーに気を配るようになって，やめました。何かいい物はないかと100円ショップを回ってひらめいたのがてるてる坊主のお守りです。材料は，フェルトの床傷防止シールの，丸いのと，細長い物，ネームキーホルダー，手芸用の細いカラーゴムです。全て100円ショップの商品です。細長いフェルトシールをはさみとピンキングばさみでてるてる坊主の体の形に切ります。カラーゴムを切って，ネームキーホルダーのリングが付いている穴に結びます。6年生の名簿の名前を切ります。ここまでが，大人の下準備です。1年生が丸いフェルトシールに油性ペンで目と口を描きます。このとき，髪や眉毛や睫毛は描きません。毛がない→けがない→怪我ない，おまじないです。シンプルな絵の方がかわいく仕上がります。ほっぺたに色を付けたり，体のパーツに好きな色のペンで蝶

ネクタイを描いたりすると，さらにかわ
いくなります。フェルトシールをネーム
キーホルダーに貼り，裏側に６年生の名
前を差し込みます。最後に一番大事な仕
事があります。お守りを手に乗せ，「い
い天気になりますように。病気や怪我を
しませんように。いい思い出がたくさん
できますように。いっぱい勉強ができま
すように」とお祈りをするのです。６年
生に「連れて行ってください」と渡し，

１年生が祈りを込めたことを担任が言い添えます。６年生
はとても喜んで，かばんなどに付けて行ってくれます。旅
行の後も，筆箱などに付けてくれる子もいます。

　その他，スキー教室のときに使い捨てカイロにメッセー
ジを付けて贈る，校内陸上記録会のときに声援を贈る，な
ど，ここぞというときをねらっています。

　コロナの関係で，６年生だけ夏休みの最初に登校するこ
とになったときのこと，あまりに気の毒だったので，１年
生が「いつもありがとう」「だいすきです」などと書いた
かわいい付箋を，６年生が帰ってから机に貼りました。と
ても喜んで，ずっと貼っていた人もいました。６年生のピ
ンチには，１年生の「ありがとう」や「だいすき」が効き
目抜群です。なお，「がんばってください」は目上の人に
は書かないことを教えましょう。

Q6 >>

席替えはどんなことに 気を付けたらいいでしょうか？

Answer

園からの引継ぎ，保護者からの要望，医療機関からの助言などをチェックした上で，子どもたちの様子を見て席を決めましょう。

入学式の日は，教室の席順を入学式の会場での並び順にしておくといいので，あいうえお順や背の順になっているのではないかと思います。

しかし，園からの申し送りや保護者からの要望，あるいは医療機関からの助言として「個別の指導が必要なので前の席に」「落ち着かないので窓側は避けて」「左の耳が聞こえにくいので左端の方に」などと言われていることがあれば，なるべく早く変えたいです。でも，入学してしばらくは，机椅子を動かすのは難しいし，まだ慣れていないのに席が変わると混乱してしまうので，少し落ち着くまで待ちましょう。長い時間じっと座って集中する学習はまだやらないし，黒板の字を読ませるようなこともあまりないと思うので，要望通りの席でなくてもしばらくはそんなに困りません。でも，保護者が「～の席で」と望んでいる場合は，事情を説明して，近いうちに席を変えることを伝えておき

ましょう。即刻，要望通りの席にする必要がある場合は，入学式の並び順で席を決めるときに，右端から，左端から，横向きに，縦向きに，など，都合のいいやり方がないか考えてみましょう。だめなら，その子だけ並び順とは関係なく席を配置して，入学式のときだけその子を列の本来の位置に入れることで対応しましょう。

最初の参観日までには，要望を考慮した席に変えましょう。それまでに，この子とこの子は離した方がいい，この子は前にしよう，などと子どもたちの様子をよく見て考えておきます。支援シートに「指示が伝わりにくいので前の席で」と書かれていた子よりも，支援シートのない別の子の方がもっと指示が伝わりにくかった，というようなことも往々にしてあり，要望通りにできないこともあります。その場合は保護者に説明をしましょう。支援が必要な子の隣は手本を示したり教えたりしてくれそうな子が安心です。

席替えは毎月１回というように固定しない方がいいです。配慮が必要な子が多いと，席を変えるのは本当に難しく，定期的には無理，ということもあるのです。１年生のときに「月１回」というルールにしてしまうと，２年生以降の担任も困ります。ただ，近くの子に迷惑をかけられてストレスをためている子がいる場合，あまり長期間放っておくわけにはいきません。また，後ろの席の子はどうしても担任の手立てが薄くなりがちなので，次の席替えでは前の方に移動させた方がいいです。

Q7 >> 1年生には，自分が一から教えないといけないのが怖いです。どうしたらいいでしょうか？

Answer

「怖い」という気持ちがあれば大丈夫です。その感覚をなくさないようにしましょう。

2年生以上だと，担任が赴任したてでも，子どもたちに「この学校のやり方を教えて」と言えば何とかなります。でも，小1担任だけは，その必殺技が使えません。しかも，教えたことを1年生は今後の学校生活の土台にするので，小1担任は責任重大です。怖いですよね。

私は教員1年目のとき，4年生の担任でしたが，自分に自信がなく，自分のような者が子どもたちに教えていいのか，怖い，と思いました。尊敬する知り合いと話していて，「怖いです」と言ったら，「怖い，と思っている限り，大丈夫です」と言われ，何だか気が楽になりました。今も，折に触れ「自分は今も子どもたちの前に立つことを怖いと思っているか？」と考えます。

自分が子どもたちの土台を作ることを「怖い」と思えば，きっと慎重に周囲の人に聞き，自分なりによく考え，納得してから，言葉を選んで丁寧に伝えるのではないでしょうか。「怖い」という気持ちを忘れたら，そういった慎重さ

や，子どもの心に寄り添って考えようとする思いも，薄れていくような気がします。その方が怖いです。

　そう考えると，「怖い」と思っている人にこそ，小１担任を務めてほしいです。「怖い」と感じたら，「大丈夫！」というサインだと思って，できることからやりましょう。

　でも，どんなに慎重に考えて教えても，後から間違いに気付いたり，もっとよいやり方を知ったりすることはあります。だから，ルールややり方を教えるときに，なぜそのルールがあるのか，何を目的としてそのやり方をよしとしたのか，理由や目的をきちんと伝えることが大切です。そうすれば，もし間違っていたとしても，理由や目的は同じだけれどもここが違う，と説明できると思います。

　コロナ以来，いろいろなルールがコロコロと変わり，私たちは振り回されっぱなしです。子どもたちに新しいルールをどう説明したものかと悩むこともあります。でも，子どもたちを守るために，その時点で一番よい手立てを精一杯考えている，誠意は変わらないのではないでしょうか。子どもだましの脅しや頭ごなしの押しつけではなく，子どもにも尊敬の念を忘れず，誠意をもって話をすれば，少なくともその誠意は伝わると思います。それが子どもたちの心に届けば，相手への誠意という，集団生活の揺るぎない土台が築かれるのではないでしょうか。「怖い」と思う自分を隠すために強がるのではなく，「怖い」と思う自分を認めて，真摯に子どもたちと向き合えば，大丈夫です。

Q8 >> 1年生にも わかりやすく話すためには，何に 気を付けたらいいでしょうか？

Answer

自分が外国語で話しかけられたら，どんな話し方をしてほしいか意識してみましょう。

　自分が，あまり得意ではない外国語で話しかけられたら，どんなことに気を付けて話してほしいか考えてみましょう。早口は困ります。発音は明瞭に，言葉は簡単なものを選んでほしいです。身振りや表情も添えてくれると，理解の助けになります。これらを意識すればいいのです。1年生は日本語をまだ6〜7年しか学んでいないのです。

　ゆっくり丁寧に話すことを意識するあまり，かえって言葉が伝わりにくい話し方になっていることもあるので，録音，できれば録画してチェックするのが一番です。

チェックポイント

①伝えたい言葉がきちんと言えているか

　日本語なんだから話せていると思い込んではいけません。黒板の文字を丁寧に書くのと同じです。

②変な話し癖が付いていないか

　語尾を伸ばす，上げる，強める，などの話し癖をも

っている先生は多いですが，語尾ばかり耳に残って，大事な言葉が頭に入りません。「あのー」「えっとー」「ちょっと」などを頻繁に挟むのも，気になります。黒板周りに余分な物を貼らないのと同じ配慮を。

③適切な言葉を選んでいるか

　板書に読めない漢字を使わないのと同様に，理解しやすい言葉を選びましょう。困ったら，教科書を参考にしましょう。教科書の言葉を意図的に使うようにすると，語彙も増やせます。絵本の読み聞かせも，子どもに合う言葉に口がなじんでいきます。また，方言は，特に違う地域出身の人は気を付けないと，間違ったことが伝わってしまうことがあります。「むずい」「〜。なので，」など，実は正しいとは言えない言葉にも敏感になっておきたいものです。板書に略字を書かないのと同じです。

　上級編ですが，声の大小，高低，遅速などを使い分けたり，間を使ったり声の表情を変えたりすることで，伝えたい言葉を際立たせたり，言葉の内容以上のことを伝えたりすることもできます。

　録画した場合は，子どもたちが安心できる表情か，視線が全体に行き渡っているか，意味のない動きが邪魔をしていないか，などもチェックしましょう。

Ａnswer

　すぐくじけてしまう子は，そばで見守りながら，スモールステップで取り組ませて，少しでもできたらどんどんほめましょう。

　なかなか集中が続かず，どんどんやることがたまっていく子たちがいます。声をかけると取り組もうとするけど，後で見ると進んでいない…。たまっていくとますますやる気がなくなります。

　予め，「この時間までにここまでできなかったら，次の休憩時間にやる」「明日の朝やる」など，できなかったらいつやるかを伝えておくことも必要です。「この時間にがんばって全部書くコースと，途中まで書いて残りは休憩時間に書き上げるコース，どちらか選びましょう」などと言うのも効果的です。

　それでもたまってしまう子は，本人が嫌がらなければ，先生の机の横に児童机を用意しておいて，使う物だけ持って来させましょう。がんばらなかった罰のように思われると誰も来なくなるので，「先生が助けてあげるから，こっちにおいで」「先生と一緒にやろう。いらっしゃい」など

と優しくささやいて誘いましょう。そばで書くのを見守っているだけで，集中できるようになる子もいます。「そうそう，ゆっくり。いい線が書けているね。おお，きれい！」などと声をかけると，さらにがんばれます。

　くじけてしまってやる気が出ない子には，最初だけ消しゴムで間違いを消すのを手伝うなど，取りかかりやすくして，取りかかったときにすかさずほめましょう。さらに，そばで構えておいて，ちょっと書けたらすぐ丸を付け，「もう書けたの？　すごいね！」とあおります。集中してどんどん書く気持ちよさを体感することで，早くできるようになる子もいます。

　作文の視写をしていたとき，すぐいらいらしてやる気をなくす子が，「先生の横」の席に来たものの，「こんなにたくさん書きたくない！」と，１行だけ書いて用紙をぐしゃぐしゃにしたことがありました。１行なら書けるんだ，と気付いて，用紙を１行分切り取って渡したら，書けました。「すごい！」「もう書けたの？」と言いながら別の用紙に貼り付け，わんこそばのように，次の行を切って渡す，ということを繰り返したら，とうとう全部書きました。スモールステップが大事とよく言うけれど，こういうことか，と，感心しました。用紙はつぎはぎでしたが，コピーすれば問題ありません。「みんな，聞いて！　○○さんは書きたくないと嫌がっていたのに，全部書いたんですよ。どう思う？」「すごい！！」とみんなで讃えました。

Q10 >>

繊細な子には, どう接したらいいでしょうか?

Answer

　生まれつき敏感すぎる子たちがいることを知って, その子に合う方法を探しましょう。

　近年, 生まれつき繊細で, いろいろなことに敏感すぎる子（人）の存在が注目されるようになりました。「HSC（Highly Sensitive Child）」「HSP（Highly Sensitive Person）」等と呼ばれ, 書籍もいろいろと出ています。

　HSP の人は, 他の人の何倍も緊張感を感じたり, 「みんなに注目されて恥ずかしい」という気持ちが他の人の何倍も強かったりして, 集団生活では常に強いストレスにさらされています。また, このタイプの人は, まじめで優しく, 他人の期待に応えないでがっかりさせてしまうことを非常に心苦しく思いがちなので, ついつい無理をしてがんばりすぎてしまいます。さらに, 他人の痛みや苦しみを自分の痛みのように受け止め, 共感してしまう傾向が強いので, 友だちが叱られたり失敗したりしているのを見るだけで心に痛みを覚えてしまいます。

　こういった性質は生まれつきのものなので, 「がんばれ！」「気にするな！」などの激励はよけいストレスを与

え，追い詰めるだけです。食物アレルギーの人に「苦しいのは気のせいだからがんばって食べなさい！」と言うようなものです。がんばりすぎて，頭痛や腹痛といった身体症状が現れ，登校できなくなったり，ストレスによる円形脱毛症や抜毛症などで悩んだりするケースもあります。しんどさを受け止め，精一杯がんばっていることを認め，無理なく学校生活を送れる方法を探していく必要があります。食物アレルギーの子に対して，アレルゲンとなる食品を除去し，代替食を用意するのと同じように，例えばみんなが注視する中で発表することに耐えがたい苦痛を感じているようなら，別のやり方を，本人，保護者と一緒に考えてみましょう。絵や文で伝える，書いた文章を誰かに代読してもらう，先生にそっと話して，それを先生が伝える，家で録音してくる，など，例を挙げて，どんなやり方ならできそうか，聞いてみましょう。学習発表会の劇で，みんなはせりふを言うけれど，その子は楽器で効果音を出す，というのもありです。

　繊細な人は，10年後，20年後もやっぱりその傾向はあります。青年期に辛くなったとき，「こんな自分でごめん…」と思い詰めてしまうケースもあります。苦しくなったときに絶望するのではなく「あ，がんばりすぎだな。こういうときは無理せず休めばいいんだよな」と自分を守ってほしいです。そのために，できないことがある自分をだめだと思うのではなく，自分に合ったやり方を考えればいいんだという考え方を学ばせておいてほしいです。

Q11 >> 性的マイノリティに ついてのことで悩む子がいたら, どうすればいいでしょうか?

Answer

「いたら」ではなく「いるはず」と思って, 性の問題で悩む人が, この先生なら相談してもいいかなと思ってくれる自分を目指しましょう。

体の性と心の性が一致していない人や同性愛の人など, 性的マイノリティの人は, 統計によってばらつきがありますが, 10パーセント前後いると言われています。これは, 左利きの人やAB型の人と同じくらいの割合です。

よく「自分の学校にはいない」「そういう子に出会ったら, 配慮したい」といった言葉を聞きますが, きっと, いるのです。必死で隠れているだけなのです。

体の性と心の性が一致していない人が, 保育園・幼稚園の頃から違和感を感じていたという話をよく聞きます。ということは, 悩んでいる1年生がいる可能性があります。でも, 一致しているのが当然, という世の中の様子に, 子ども心に「自分はおかしいのかな? 本当の気持ちを言ったら変だと思われるのでは…」と密かに悩んでいることが多いのです。本当のことを言って嫌われたら, 居場所を失ってしまう, と思い詰めて, 家族にも言えない…というよ

り，かけがえのない家族だからこそ，わかってもらえなかっ
ったら…と思うと，言えなくて苦しんでいる人たちもいま
す。「いつも，あと1滴のしずくであふれてしまう水いっ
ぱいのコップのような苦しい心を抱えて，ぎりぎりの思い
で生きてきた」と語ってくれた方がおられます。今，この
瞬間も，そんな心を1人で抱え込んでいる子が身近にいる
かもしれないのです。見えないだけで，身近にいるという
意識をもちましょう。

　「男のくせに〜」「女の子なんだから〜」といった言葉を
何気なく言ったことに，あるいは性的マイノリティについ
て揶揄する発言が聞こえたときに，そのことに対して何も
言わなかったことに，「ああ，この先生に言ってもわかっ
てくれない」と心を閉ざしている子がいるかもしれません。
同時に，そういった教師の姿は，多数派の子たちの，同じ
ような言動を増やしています。「この先生なら言ってもい
いかな」と思われる教師をめざし，性の多様性についての
話を聞いたり，本を読んだりして，まず，自分自身の気付
きを増やしましょう。不要な男女の区別や，間違った言い
方をしていたことに気付けるかもしれません。

　もし，打ち明けてくれる子がいたら，慎重に対処しまし
ょう。安易に保護者や他の先生に伝え，「まだ知られたく
ない人にまで勝手に言われてしまった」とその子が思う事
態は防がなければなりません。その子に「どうしたい？」
と聞き，気持ちに寄り添いながら相談しましょう。

Q12 ≫ 騒いで授業の邪魔をし, 言うことを聞かない子たちには, どうしたらいいでしょうか？

Answer

まず, 自分にできることをやって, それでもだめなら, 心が折れる前に助けてもらいましょう。

実はこれ, 私の質問です。愛着の課題があって素直になれない子がいて, 苦慮しながら接していたところに, 連鎖反応が起きて, 複数の子が騒いだり指示を聞かなくなったりするようになりました。参りました。

まずは, 1人1人にプラスの声かけを心がけました。がんばっているときだけでなく, 何でもないときにも「あなたを大事に思っているよ」を伝えるようにしました。不適切な行動をする子の多くは, 特別がんばっているか, 特別不適切なことをするかのどちらかでないと注目してもらえないと思い込んでいることが多いからです。

「がんばりカード」も作りました。がんばることをその子と一緒に決めて, こまめに振り返り, できたら丸を付けたりシールを貼ったりします。よくばらないで, めあてを絞ること, 「〜しない」ではなく「〜する」というめあてにすること, 「今日1日どうだったか」ではなく, 短時間で振り返るようにして, 失敗してもすぐ次に挑戦できるよ

うにすることがこつです。結構，効果的です。

　わかっているけどうまく自分をコントロールできない子が周囲を困らせる行動をするので，その子に関わっていると，それがうらやましくて他の子が迷惑行為をする，その子に関わっていると第3の子が…という状態になって，集団全体が落ち着かなくなりました。これはまずいと感じ，管理職，級外の先生にSOSを出しました。落ち着かない子に対処してもらいながら楽しい授業を展開して，落ち着いて学習すると楽しいな，ということを実感させたり，第4の子が覚醒しないよう声をかけたりしました。気を付けたいのは，他の先生に丸投げしないことです。どんなふうに対応しておられるのか見ようとも聞こうともしないのでは，いつまでたってもその子たちとうまくいきません。

　保護者にも連絡しましたが，その子が家で感情的に叱られたら逆効果です。よい手立てを見つけるために，家での様子を教えてほしい，と話をしました。不適切な行動が多い子は，自分は保護者に受け入れられていないと思っていることが多く，保護者の方もその子を丸ごと「大好き！」と受け止めることが苦手，という場合が多いと感じます。うまく保護者の困り感をキャッチできたら，「スクールカウンセラーに助言をいただこうと思うので一緒にどうですか？」などと支援につなげることができます。「今日はこんなふうにがんばった。ほめてあげて」と伝えるのは親子両者への支援になり，次の日，落ち着く子もいます。

付録

ここぞで役立つ！
お助けフレーズ集

Phrase-1
ありがとう

　ほめるのが苦手な人は，まず「ありがとう」を使ってみましょう。話を聞いてくれるだけでもありがたいです。そんなの当たり前，ではありません。子どもたちが話を聞いてくれなくなったら，黙って聞いてくれることがどんなにありがたいことか！　それに，何かしてもらっても「ありがとう」と言わずに黙っている子もいますが，いい気持ちはしないものです。どんどんお手本を示しましょう。

Phrase-2
うれしいなあ

　「学校に行きたくない」と言われると，一番辛いのは本人，次に辛いのは保護者と思っていても，やっぱり担任だって気持ちが沈みます。そう考えると，学校に来てくれるだけでもうれしいことです。例えば健康観察の後，「来てくれてうれしいなあ」と口に出して言ってみましょう。

Phrase-3
かっこいいね

　あいさつ，返事，荷物をすぐ片付ける，姿勢，聞き方，歩き方，がんばっていること全てに使えます。当たり前のことと思ってはいけません。また，かっこいいと思ってもいないのに，口先だけで言ってもだめです。学校に来てい

るだけでも精一杯なのかもしれないのに，がんばっている
こと自体が，人としてかっこいいのです。

Phrase-4
先生は，この〜，好きだなあ

　「上手」や「きれい」は，何か条件を満たしたり，ある
レベルに達したりしないと言えないかもしれませんが，
「好き」に根拠はいりません。ほめたいけどとっさに何と
言ったらいいのか思い浮かばないときでも，「この絵のこ
の辺り，好きだなあ」「この字のこの線のところ，何か好
きだなあ」なら言うことができます。それから「ああ，そ
うか，ここ，一所懸命塗ったんだね。だからすてきなん
だ」「最後を払ったら，このすてきなところがもっと生か
せると思うよ」などと付け加えれば完璧です。「好き」は
その子だけに聞こえるように言った方がいいと思います。
それを聞いた子たちが自分は言われなかったら寂しいから
です。

Phrase-5
みんなにお手本を見せてくれてありがとう

　「いつもいい姿勢でがんばっていますね」だけでなく，
「みんなにお手本を見せてくれてありがとう」と，貢献し
ていることを付け加えることで，がんばっていることが，
自分のためだけでなく学級のみんなのためになっていると
いう意識をもたせます。「先生にほめられたい」という思

いが「みんなのためにがんばろう」に変わっていきます。
担任によるカウンセリングのときに使ってみてください。

Phrase-6
この頃あなたを見習って〜している人たちが増えているの，気付いてる？

　その子だけに聞こえるように「いつも元気な声であいさつしているよね。この頃，あなたを見習って，元気よくあいさつする人が増えているの，気付いている？　ありがとう」というように伝えます。実際に見習っている人がいるのか把握していなくてもかまいません。きっと，いるはず！　確信を込めて語りましょう。「元気なあいさつで，すごいね」だけだと，次から「先生，元気なあいさつしてますよ。見て見て」と先生に意識を向けますが，これだと友だちに意識が向くと思います。これも，担任のカウンセリングで，ぜひ。

Phrase-7
手を挙げた人。あなたたちのおかげですごい勉強ができたんだよ

　学習の終わりに「この時間に手を挙げた人」と挙手させ，その勇気を讃えます。そのおかげで学習が深まったり，有意義な話し合いができたりしたことも指摘しましょう。「発表した人」ではなく「手を挙げた人」と言うことで，実際に意見を述べた人だけでなく，発表しようと手を挙げ

た人も同じく活躍していることを伝えます。多くの人が手を挙げることで，自分も，と勇気を出す人がきっといるからです。

Phrase-8
目を見て聞いた人。あなたが聞いていたから，たくさんの人が発表できたんだね

発表した人ばかりほめていると，現時点ではまだ手を挙げる勇気のない人は，ますます落ち込み，落ち込むと勇気はどんどん引っ込んでいきます。手を挙げた人たちがいくらがんばって意見を言っても，誰も聞いてくれなかったとしたら，次はやる気を失うことでしょう。聞いてくれる人がいるから，話そうと思えるのです。「目を見て聞いた人」も挙手させ，楽しい授業の成立に大いに貢献していることを自覚させることで，勇気づけます。

Phrase-9
〜した〜さんもすごいけど，それがわかる〜さんもすごいよね

誰かのがんばりを「すごい！」「上手！」などとほめる子がいたら，「ほんと！　すごいね！」と同意し，返す刀でそれに気付いたその子も讃えます。子どもたち同士で「すごいね」と言い合えるようになると，担任が１人でがんばってほめるより，うれしいことがぐっと増えます。

Phrase-10
みんなと一緒にいられて幸せだよ

何かすごいことができたということもなく，何でもない
ときにさりげなく言いたいです。存在そのものを認められ
ていると感じている子は，安心して生きていけます。

Phrase-11
こんなきれいな字，先生も書けないなあ

「きれいに書けたね」をこんな言い方で伝えることもで
きます。あまりに字が上手でさすがに嘘っぽいと思う先生
は，「先生でも，１年生のときは，こんなきれいな字は書
けなかったと思うなあ」という言い方はいかがでしょう。

Phrase-12
先に譲ってあげるのは誰かな？

「横入りしないで！」「私の方が先だったよ」「僕の方が
先！」という場合，往々にしてどちらも自分の方が正しい
と思い込んでいて，双方の話を聞いても埒が明かないこと
があります。「先に譲ってあげるのは誰かな？」と声をか
け，どちらかが譲ってくれたら早く解決できます。譲って
もらった方にすかさず「よかったね！　お礼が言えるか
な？」と持ちかけ，「ありがとう」が言えたら「ありがと
うって言えて，かっこいいね！」とほめます。譲ってあげ
た方にも，そっと，「ありがとう。譲ってあげて優しいね」

とささやきます。

Phrase-13

さすがにこれはできないでしょう。えっ，まさか，やるの？　ええっ！　できた？　すごい！

　もうひとがんばりしてもらわないといけないのだけれど，ちょっとやる気が落ちてきたかな，という場面で。「これもがんばりましょう」と言うより，「さすがにこれは無理だよね…」と聞こえよがしに言った方が，やる気が出るようです。誰かがやり始めたら，すかさず，「えっ！　まさか，やるの？」とうろたえて見せると，１年生はうれしがってがんばってしまいます。

Phrase-14

ちょっと見てごらん。床が光っているよ

　掃除時間に，だいたいきれいになったときを見計らい，ちょっとかがんで床を見ながら言います。角度によって光って見えるので，子どもたちも「わあ，ほんとだ！」とがんばりがいを感じて，張り切ります。

Phrase-15

大丈夫？　怪我はなかった？

　何かを壊してしまったときの最初の一言はこれで。その後で１年生に片付けができそうなら，どうしたらいいか考えさせたり教えたりして，必要なら一緒に片付けます。同

じことを繰り返さないために気を付けるべきことがあるのなら「これからは，どうしたらいいかな？」と問いかけます。片付けができたことや，考えられたことをほめます。

Phrase-16
きっと将来〜だよ。楽しみだね

「こんなにいい姿勢だったら，将来きっと大きくなれるよ。かっこいい大人になれそう。楽しみだね」「こんなふうに話し合いができるんだから，大人になったら，どんな仕事をしても活躍できると思いますよ。楽しみですね」などと語ることで，今のがんばりが将来の幸せにつながっていることをイメージさせます。

Phrase-17
○○さんの言い方・やり方

こんな言い方をしてほしいな，こんなやり方でやってほしいなと思っていた言い方ややり方を誰かがやるのを見つけたら，「それ，いいなあ！」と紹介し，「○○さんの言い方・やり方」と名付けてみんなで練習したり，紙に書いて掲示したりします。○○さん当人はとてもうれしいし，大人が「こうするといいですよ」と教えるより印象に残ります。

Phrase-18

すてき！　もう1回聞きたいなあ

「もっと大きな声で言ってみよう」「もっとうれしそうに読んでみよう」もいいですが，「すてき！　今，声がよく響いていた人がいたね。もう1回聞きたいな」「すてき！今の読み方，すごくうれしい気持ちが伝わってきたよ。もう1回やってみて！」と言った方が，もっとやる気が出ます。ぐっとよくなるので，それに対しても「さっきよりもっとすごい！」と心から言うことができます。

Phrase-19

あの窓におうちの人が張りついていると思って言ってごらん

学習発表会など，大きな声を出させたいときに，会場の一番後ろのちょっと見上げるくらいの高い位置にある物を指して「一番聞いてほしい人があそこにくっついていると思って，聞こえるように言ってごらん」などと言います。「大きな声を出して」と言うより，イメージしやすくなります。「おうちの人がいる」より「張りついている」「くっついている」の方がくすっと笑えるので，緊張もやわらぎます。怒鳴るより，声を響かせる方が声がよく届くことも言い添えると，なお効果的です。

Phrase-20
「力がつく」「力を使う」

　生活全般において，「４月は先生に言われないと片付けができなかったのに，今は自分たちでできるね。考えて動く力がついたんだね」「運動会でどんな力がついたかな」「運動会でつけた，素早く並ぶ力を使っていますね。すごい！」などと意識的に言っていると，子どもたちも「力がついた！」「力をつけたい！」と言ったり書いたりするようになります。学校でがんばることで，自分たちが様々な力を得るというイメージをもってくれるとうれしいですね。

Phrase-21
「がんばっているね」「がんばったね」

　「がんばってね」とよく似ているけれど，大きく違います。「がんばってね」は，使い方によっては「今はまだがんばりが足りない」というニュアンスで伝わってしまったり，どうかすると他人事として言っているように聞こえてしまったりすることがあります。「応援しているよ」のつもりで言ったのに，相手の勇気をくじいてしまうかもしれません。「がんばっているね」「がんばったね」の方が，認めているという感じが伝わります。

Phrase-22

すごいなあ。先生も見習わなくっちゃ

　がんばって生きている人間として，子どもも大人も対等です。子どもの姿に「自分もがんばろう」と思わせられたときは素直に伝えましょう。大人同士だって「この人は私のことを信頼していないのだな。尊敬してくれていないな」というのは伝わってしまい，やる気をくじかれてしまうし，反対に「信頼されている」「尊敬されている」と感じるとこの上なく勇気づけられるものです。大人に尊敬された，という感覚は，子どもの心に消えない灯を点します。

あとがき

　不安が減ったでしょうか。役に立ったページが少しでもあればいいのですが…。なかったら，ごめんなさいね。

　でも，実は，不安が減っても減らなくても，この本にはまだ使い道があるのです！

　読んでみて不安が減らなかったページがあったら，なぜそうなのか，考えてみてください。事情が私の勤務してきた学校とあまりに違いすぎるから？　自分にはハードルが高いと感じたから？（すみません！）説明がよくわからなかったから？（わああ，ごめんなさい！）それを，1年生の指導で避けるべきこととして使ってください。ハードルが高いと感じて不安だったのなら，そんな思いをさせないように，スモールステップで進めましょう。説明がわかりにくい，と思ったら，伝わりにくい説明をされたときの1年生の気持ちを実感してください。不安が減ったと感じてくださったページがあったのなら，（そうであることを祈ります…）なぜ減ったのか考えてみてください。何がよかったのでしょうか。それは1年生や保護者の不安を和らげるのに，何かヒントになりはしないでしょうか。

　小1担任に限らず，教師は，不安になっても，失敗しても，やる気がなくなっても，それらは全て，子どもの指導に役立てることができます。不安な子も，失敗する子も，やる気が出ない子も，クラスにきっといるはずです。そし

て，その子たちを勇気づけることこそ，私たちの大切な仕事なのです。自分が不安だったり失敗したりすれば，その気持ちがわかります。どんな言葉で立ち直れるのか，どんな状況で心が折れるのか，それがわかれば，子どもを助けることができます。教師をやっている限り，弱い自分も，苦しい経験も，みんな，子どもを救う力となり，強力な武器になるのです。なんて幸せな仕事でしょう。

「ああ，明日は月曜日…1日だらだら寝てしまった…だめだなあ…」と思っても，「今，子どもたちも，同じ気持ちかも！ それが理解できる自分こそ，あの子たちを救える！」と切り替えれば，翌日の朝，きっと笑顔で「おはよう！ よく来てくれたね」と迎えることができるでしょう。

そんなあなたのクラスの子たちは幸せです。

この本を書くことを提案してくださった明治図書出版の大江文武様，私にたくさんの勇気と幸せを，ありがとうございました。日本画家の山川賀壽雄様，「怖い，と思っている限り，大丈夫」の言葉をありがとうございました。この言葉に照らされて教員を続けられました。小1担任としての土台を授けてくださった舩越晶子先生を始め，支え，応援してくださった多くの先生方，様々なことを教え，鍛えてくれたたくさんの1年生たち，そして常に温かく見守ってくれる，夫と3人の子どもたちに，心から感謝します。

2024年1月

吉田　温子

【著者紹介】

吉田　温子（よしだ　あつこ）

鳥取市出身。鳥取大学教育学部卒業。6校目の勤務校である米子市立淀江小学校で1年担任を務める。前任校から続けて1年担任連続11年目（令和5年度現在）。平成29年度鳥取県小学校教育研究会国語部会より「峰地新人賞」受賞。平成31年度鳥取県エキスパート教員認定（認定分野国語）。令和元年度文部科学大臣優秀教職員表彰。50年以上続くアマチュア劇団「演劇集団あり」で活動。「パパがママになる日」で男の子を演じ，膨大な台詞を語っている。米子こども劇場の存続の危機を憂い，運営委員長として10年以上活動。30年以上続けているアドラー心理学教員向け自主学習会「Smile.K.クラブ」と親向け自主学習会「花想会」の連絡係。3人の子育てを終え，夫と2人暮らし。声楽をやる夫の歌を聴くのが楽しみ。

[著書]

『「やりたい！」「できた！」がクラスにあふれる　小学1年の国語授業アイテム』（明治図書出版，2020年）

〔本文イラスト〕木村美穂

小1担任の不安が今すぐなくなる本

2024年3月初版第1刷刊　Ⓒ著　者　吉　　田　　温　　子
　　　　　　　　　　　発行者　藤　　原　　光　　政
　　　　　　　　　　　発行所　明治図書出版株式会社
　　　　　　　　　　　　　　　http://www.meijitosho.co.jp
　　　　　　　　　　　　　　　（企画）大江文武（校正）江﨑夏生
　　　　　　　　　　　　　　　〒114-0023　東京都北区滝野川7-46-1
　　　　　　　　　　　　　　　振替00160-5-151318　電話03(5907)6701
　　　　　　　　　　　　　　　ご注文窓口　電話03(5907)6668

＊検印省略　　　　　　　組版所　株式会社アイデスク

Printed in Japan　　　　　　ISBN978-4-18-319824-2
もれなくクーポンがもらえる！読者アンケートはこちらから